U0587412

i教育|思·享

教育的目的

[英]艾尔弗雷德·诺思·怀特海(Alfred North Whitehead)◆著

张佳楠◆译

The Aims of Education and Other Essays

教育科学出版社
·北 京·

出版说明

本书作者艾尔弗雷德·诺思·怀特海（Alfred North Whitehead，1861—1947）是英国著名数学家、哲学家和教育理论家，在哲学、数学、逻辑学、教育学等领域著述颇丰。

本书英文原版首次出版于1929年，是怀特海有关教育的演讲集，较为全面地反映了他的教育主张。怀特海认为教育应充满活力，反对向学生灌输知识，注重引导学生自我发展；强调古典文学艺术在学生发展中的重要性，倡导使受教育者在科学和人文方面全面发展；重视审美在道德教育中的作用，认为如果不能让受教育者经常看到伟大和崇高，教育便无从谈起。怀特海的教育思想对今天教育界提倡的"素质教育""让学生生动活泼主动地发展"具有参考与指导价值，今天读之仍能获益良多。

本书是目前国内比较少有的全译本，旨在尽可能原汁原味地呈现原书内容，帮助读者更全面地理解和把握怀特海的教育思想。由于受时代环境、思想渊源等的影响，书中有些观点、见解存在历史局限性，我们在把握作者的基本思想时，需要对此予以审慎的批判分析。

探索教育真理的思想支点

——怀特海《教育的目的》导读

近些年来，我国的基础教育改革越来越广泛和深入，这对于广大中小学教师的专业素质提出了越来越高的要求。为了不断促进中小学教师的专业成长，教育经典阅读已经走入中小学教师的专业生活，成为大家不断提高自己教育教学素养的一个基本途径。这是一个非常好的现象。教育经典阅读与其他领域的经典阅读一样，虽然未必能够帮助老师们解决手边的紧迫教育问题，但是有助于提高老师们对教育的理解水平，并促使大家对自己的教育态度、方法和价值观等进行反思，不断提升教育的艺术。

英国哲学家、数学家、教育家怀特海（Alfred North Whitehead，1861—1947）1929 年出版的《教育的目的》，就是这样一部值得广大教育工作者尤其是中小学教师阅读的教育经典。比起其他的教育经典著作来说，这本书的内容不是很多，但却同样地具有极高思想价值。它既可以帮助中小学校长和教师深入理解教育的目的，把握教育的规律（节奏），也可以指导中小学校进一步优化课程结构，促进跨学科或学科间深度学习，激发教师和学生的思维活力，甚至还可以指导中小学校长和教师用一种更加系统的眼光来审视某一学段的教育教学工作，促进大中小学教育的衔接与贯通，等等。可以说，思考和解决当前我国基础教育和高等教育改革与发展中的许多问题，都可以从本书的阅读中获得思想启迪。

这部著作是一本演讲录和论文集，收录了怀特海 1916—1929 年发表的几次教育的演讲稿和几篇相关论文，结构上大致按照演讲或发表的顺序编排。你若是从前到后仔细阅读的话，可以看到怀特海在教育认识上前后的继承关系与一些细微的变化与主题的扩展。不过，实在地说，虽然有一些教育主题在不同时期的教育演讲或发表的教育论文中都不断出现，但是不同时期的演讲或论文之间并无明显的结构性关系。因此，我们在阅读本书时，可以按照通常的方式从第一章开始，依次往后，领略怀特海在一百年前对有关教育问题的细致观察和深刻思考，也可以打破这种通常的误读习惯，直接阅读自己感兴趣的章节，汲取自己需要的思想养分。比如，如果你关注古典教育，可以直接读本书的第五章“古典文化在教育中的地位”；如果你关注数学教育，则可以直接阅读本书的第六章“数学课程”；而如果你关注他的高等教育思想，则可以读读本书的第七章“大学及其功能”。不过，需要注意的是，无论你选择哪种阅读的方式，本书的第一章“教育的目的”和第二章“教育的节奏”都是应该认真阅读的，它们集中地表达了怀特海对于教育目的和教育过程的理论认识和实践主张。

怀特海的《教育的目的》一书已经有好几个中文的译本，每一个版本都有自己的特色，有兴趣的读者可以自己找来比较阅读，感悟不同译者的匠心与风格。这个译本是少有的比较全的一个版本，汇集了10个主题的演讲和文章，也可以称之为《教育的目的》全译本。下面对本书各章的主题和主要观点加以概要性的介绍。

本书的第一章是“教育的目的”，集中表达怀特海对教育目的的看法。他对20世纪20年代英国教育缺乏明确的目的并为统一的校外考试所主宰深表忧虑，认为教育的目的就是造就既有文化又有专门知识的人才。专业知识将为人们奠定个人发展的基础，而文化修养将引领人们探寻哲学的深度和艺术的高度。在这一章中，怀特海强调指出，一切教育的核心问题，是让知识永葆活力和防止知识呆滞腐化。为此，教师必须要唤起学生的好奇心和判断力，培养他们掌控复杂情况的能力，并使其在特殊环境中运用理论知识来畅想未来的前景。

第二章是“教育的节奏”，怀特海在该演讲中阐明自己对教育过程和原则的认识，即不同的科目和不同的学习方式应该反映学生智力发展的阶段性特点。他认为，人的智力的发展并不是一个匀速的、线性的过程，而是表现出阶段性和周期性循环往复的特点。受黑格尔辩证法思想的启示，他把人的智力发展的周期划分为浪漫（romance）阶段、精确（precision）阶段和综合运用（generalisation）阶段。浪漫阶段涵盖了儿童最初十二年的学习和生活，精确阶段包含了全部的中等教育时期，而综合运用阶段是对于那些接受正规高等教育的人来说的。这种人的智力发展的周期论显示了怀特海对人的智力乃至整个精神发育的洞见，也为他之后的许多心理学研究所证实，对于教育过程的设计和学生的学习指导具有极高的价值。

第三章是“自由和纪律的节奏”，在这里，怀特海基于人的智力发展循环往复的理论，提出教育中自由与纪律并不是对立的，相互之间也存在类似的循环往复的过程性关系。他认为，完美的教育，一方面应该使纪律成为自由选择的自发的结果，另一方面也应该使自由因为纪律而得到丰富。教育在不同时期对自由和纪律的调节，应指向儿童个性的健康发展。这种对待教育中自由与纪律关系的态度和观点，表明怀特海持有一种更加中庸的教育立场，既不是英国传统的过于注重纪律的保守主义，也不是19世纪末20世纪初在欧洲包括英国出现的比较激进的自由主义。

第四章“技术教育及其与科学和文学的关系”、第五章“古典文化在教育中的地位”以及第六章“数学课程”，都在讨论不同的教育内容、它们之间的相互关系以及与一般教育目的实现之间的关系。在这些部分，怀特海一方面强调不同教育内容之间的关联性、整体性，反对割裂不同教育内容的专业主义，另一方面强调它们与真实的生活和社会之间的有机联系，以解决传统上这些内容的教学概念化、抽象化和缺少思想活力的问题。这三章中，怀特海对技术和技术教育的阐述、对古典文化学习的见解以及对数学教育价值的分析，都具有很强的针对性，有助于读者重塑技术教育的观念，理解古典文化的价值，并走出数学课程深奥性的误区。

第七章“大学及其功能”延续了第二章中怀特海对大学本质的认识。谈论这个话题的时候，怀特海已经到美国哈佛大学任教，此前他也长期在伦敦大学和帝国理工大学任教，并从事一些大学管理工作。应当说，怀特海对大学问题的讨论不仅是基于他的哲学思想，而且还有他丰富的英美大学工作的经历。在这一章中，怀特海提出，大学存在的理由是，它把年轻人和老年人团结在一起，充满想象地思考学术问题，把知识和生活热情联系起来。大学传授知识，但它是以充满想象的方式传授知识。在这方面无法做到的大学，没有存在下去的理由。这个观点对于我们今天把握大学的本质、审查大学的不足之处，依然具有重要的参考价值。

第八章“思维的组织”、第九章“科学概念的分析”和第十章“空间、时间和相对性”，主要是讨论科学研究过程中的心理事实与物理事实、归纳与演绎、主体与客体、时间与空间、科学判断、本体论判断与价值判断等之间的关系，从主题的归属上应当属于科学哲学范畴。在这三章中，怀特海的核心思想是对个体经历地位和价值的强调，这与以往的科学观和科学方法论有着质的差别，在科学哲学史上独树一帜。他思索的最后结论就是："零散的个体经历是我们的全部认知，所有的推断必须开始于它的唯一数据——片段化经历。"这种科学观和科学方法论，能够促进我们重新理解科学活动的本质和科学教育的本质。

以上对各章主题和内容的简要介绍只是反映了导读形式上的要求。事实上，以上的介绍远不能反映怀特海在《教育的目的》一书中思想的睿智和道德的关怀。我们要想了解这本书睿智的思想，感悟作者的道德关怀，就必须花上一两天的时间来静静地阅读这本书，重温一百年前作者演讲的情形。我相信，等到你读完这本小书的时候，一定会觉得自己在阅读上所花费的时间得到了公允的思想和心灵上的报偿，而不管你所花费的时间是一两天、一两周或者还是更长。作为一名教育者，我想说，在我们的职业生涯中，我们永远都是"教育"的小学生，永远走在探索教育真理的道路上。怀特海在《教育的目的》一书中对教育目的、节奏、课程、教学和教育关系等问题的精湛思考，将会为我们进一步探索教育的真理，提供坚实的思想支点。

清华大学教育研究院　石中英教授

2020 年 2 月 28 日

前　　言

本书的主题是智力的教育。所有章节都贯穿着一条主线，并从多个视角进行说明。我们可以简单地将其概括为：学生是有血有肉的个体，教育的目的是激发和引导他们的自我发展。若从这一前提出发，我们可以得出一个结论，即，教师也应是有着活跃思想的鲜活个体。整本书都在反对教授呆板的知识，反对灌输惰性的思想。除了第四章之外，其余各章都是我在各类教育和科学团体会议中的演讲。它们都是实践经验的成果，或是教育实践的反思，以及对主题的批判。

本书谈及的教育体制来自英国。这种教育体制在英国的失败和成功与美国不尽相同。但这些例子都具有说明性：其普遍原理对两国同样适用。

这些演讲，最早发表于 1912 年在英国剑桥所举办的国际数学家代表大会教育分会上，最近一次是在 1928 年，于马塞诸塞州剑桥镇的哈佛大学商学院。其中，四到十章已经收录在我的著作《思维的组织》一书中（Williams and Norgate，London，1917）。第二章，“教育的节奏”，已经作为一本独立手册被出版（Christophers，London，1922）。在本次再版中，有一些删减，但没有改动。尤其是在 1917 年出版的这本书中，最后三章存在删减。从此版开始，在我的论著中不再评论那些被删除的部分，因为我删除的那些内容也不会体现我论著的观点。

我要由衷感谢《希伯特杂志》（The Hibbert Journal）对再次出版第三章“自由和纪律的节奏”与第五章“古典文化在教育中的地位”的大力支持，以及感谢《大西洋月刊》（The Atlantic Monthly）批准再版第七章“大学及其功能”。

A. N. 怀特海

1929 年 1 月，美国哈佛大学

目 录

CONTENTS

然而，如果教育无用，到底什么才是有用的呢？难道教育的目的是要培养藏而不用的才能吗？当然不是，不管你生活的目的是什么，教育应该是有用的。教育曾对圣·奥古斯丁有用，对拿破仑有用。而现在，它仍然有用，因为理解是有用的。

第一章　教育的目的

文化是思想活动，是对美好事物及人类情感的感受。支离破碎的信息与文化毫无关系。一个人若只是见多识广，那他不过是这普天之下最没用的人了。我们应旨在培养那些既有文化修养，又在某个特殊方面具备专业知识的人。专业知识将为他们奠定个人发展的基础，而文化修养将引领他们探寻哲学的深度和艺术的高度。我们必须牢记：最有价值的智力发展是自我发展，而它大多发生在 16—30 岁之间。就儿童自我发展的训练而言，最为重要的部分是在 12 岁之前由母亲所提供的。坦普尔大主教①的一句话就阐明了我的观点。拉格比公学的一个普通男孩，在长大之后成绩斐然，人们对此深感诧异。对此，坦普尔是这样解释的："人们在 18 岁时的表现并不重要，重要

① 威廉·坦普尔（William Temple，1942—1944），英国坎特伯雷大主教，基督教"生命与自由"运动的领导人，基督教社会改良主义者。著有《基督教和国家》《自然、人和上帝》《基督教与社会秩序》和《教会在前进》等。

的是 18 岁以后的个人发展。”

在训练学生进行思维活动时，必须特别注意我所提到的“惰性思维”——换句话说，就是那些只被大脑接收，而没有被利用、检验或与其他新鲜事物相互融合的某些观点。

在教育史上，最为惊人的现象莫过于：一度人才济济、充满活力的学校，后来却成了卖弄学问和因循守旧的集中营。原因就在于，他们已被惰性思维深深地捆绑和束缚起来。而这种拘泥于惰性思维的教育不但无用，甚至极为有害——正如拉丁文格言所说：最恶者乃由最善者败坏而来（Corruptio optimi, pessima）。虽然教育史上也偶尔出现过短暂的思维活跃期，但它早已被惰性思维所深深地影响。这就是为什么那些没有受过教育的聪明女人，在阅历人生百态、人到中年之后，反而成了社会中最有教养的群体。因为她们侥幸逃过了那种惰性思维的恐怖施压。历史上，每一次将人性发扬光大的思想革命，都是对惰性思维的激情反抗。唉！可悲的是，由于对人类心理状态的无知，这些思维革命却继续沿用某种教育体制，以它自己形成的惰性思维再度把人性牢牢地束缚起来。

现在让我们思考一下如何来避免教育体制中的这种思维僵化和观念陈腐吧！在此，我们倡导两条教育“戒律”：一是不要教授太多的学科；二是不教则已，教必透彻。

选取大量学科中的一小部分进行教授，会导致学生被动地接受一些零乱、不系统的概念，而且不能激起学生思维的火花和活力。因此，引入教育的主要知识既要少而精，又要尽可能地相互关联。要让学生将这些知识变成自己的东西，并领会它们在当下实际的生活情境中如何应用。这样，学到的这些基础知识就很有用，可以帮助其自身理解和领悟生命中经历的大事小事。我这里所说的“理解”，不仅是逻辑上的分析，更是法国谚语“理解即宽容”中所指的那层含义。迂腐的学究可能会讥笑这种实用的教育方式。然而，如果教育无用，到底什么才是有用的呢？难道教育的目的是要培养藏而不用的才能吗？当然不是，不管你生活的目的是什么，教育应该是有用的。教育曾对圣·奥古斯丁有用，对拿破仑有用。而现在，它仍然有用，因为理解是有用的。

关于“理解”的概念，理应从教育的文学层面加以论述，而我也只能一带而过了。同样，我也不想评判古典课程或现代课程的内在价值。我只想说，我们想要的理解是对亟待关注的现状的理解。过去的知识的唯一用处就是武装我们为现在服务。没有什么会比厚古薄今能对年轻人的智力造成更致命的伤害了。“现在”涵盖所有的一切，它就是“圣地”。因为它既能延续过去，又能引领未来！同时，我们必须意识到这一点：两千年前的时代绝不比两百年前的时代更为久远。千万别被形式上的日期所蒙蔽和欺骗。以莎士比亚[①]和莫里哀[②]的时代与索福克勒斯[③]和维吉尔[④]的时代为例，虽前者早于后者，但并非意味着前者较后者久远。正如“圣徒相随”，它是一种伟大而壮观的集会，但如果有一间会堂能将想象变为现实，那就只有“现在”这个会堂了，因为任何时代的圣徒团体都必须搭乘时光隧道来此一聚。因此，表面的时光流逝其实并没有太大的意义，孰先孰后已无从比较。

再来说说教育的科学和逻辑层面，我们同样需要注意，不加运用的知识必定有害。我所理解的知识运用，就是把知识和生活实践联系起来，它包括知觉、感觉、希望、欲望，以及调

---

① 威廉·莎士比亚（William Shakespeare，1564—1616），是英国文学史上最杰出的戏剧家，也是西方文艺史上最杰出的作家之一，全世界最卓越的文学家之一。他流传下来的作品包括 38 部戏剧、155 首十四行诗、两首长叙事诗和其他诗歌。他的戏剧有各种主要语言的译本，且表演次数远远超过其他任何戏剧家的作品。

② 莫里哀（Molière，1622—1673），原名让·巴蒂斯特·波克兰（Jean Baptiste Poquelin），法国喜剧作家、演员、戏剧活动家。法国芭蕾舞喜剧的创始人。莫里哀是雅典三大悲剧作家之一，法国 17 世纪古典主义文学最重要的作家，古典主义喜剧的创建者，在欧洲戏剧史上占有十分重要的地位。代表作品有《无病呻吟》《伪君子》《悭吝人》等。

③ 索福克勒斯（Sophocles，前 496—前 406），雅典三大悲剧作家之一。他既相信神和命运的无上威力，又要求人们具有独立自主的精神，并对自己的行为负责，这是雅典民主政治繁荣时期思想意识的特征。他根据他的理想来塑造人物形象，即使处在命运的掌握之中，也不丧失其独立自主的坚强性格。

④ 维吉尔（Virgil，前 70—前 19），在欧洲文学发展中占据一个关键地位，他的历史地位颇像生活在中世纪和近代之交的但丁的历史地位。他开创了一种新型的史诗，在他手里，史诗脱离了在宫廷或民间集会上说唱的口头文学传统和集体性。他给诗歌注入了新的内容，赋予它新的风格，产生了深远的影响。他的作品具有历史感和思想的成熟性。

节思维的心理活动等，以上种种构成了我们的生活。我能联想到这样的一批人，他们想要借助被动、消极的知识记忆，来强化自身的灵魂，而这些知识本身却毫无关联。但是，人文修养和人性光环并非以此形成和提升。当然，某些报社编辑除外。

在科学训练中，我们的首要任务是要证明某个思想概念的真实性。然而，请允许我先对“证明”一词做一点扩充解释，我所指的“证明”是证明知识概念的内在价值。命题是概念的具体体现，所以，只有体现概念的命题是符合事实的，这个思想概念才会具有价值。因此，通过试验或逻辑分析来证明命题的真实性是检验概念有无价值的关键。然而，这并不等同于，证明概念的真实性并不是我们传授知识的首要步骤。毕竟，众多有名望的教师的权威观点，已为知识概念的真实性提供了可靠的论据支撑。一般来说，初次接触一套命题，我们先是以鉴赏的态度审视它的重要性，这也是我们所有人在后半生里都要做的事情。从严格意义上讲，除非此事颇为重要，否则它不值得我们去做任何的证明和反驳。就狭义而言，我们无须从时间的维度对证明和鉴赏加以区分，因为二者几乎可以同时进行。然而，孰以致用，定以鉴赏为先。

另外，我们不应该孤立地运用某一定理。特别是不能为证实命题 1 而进行一系列实验 1，再为证实命题 2 而进行一系列实验 2，并以此学完整本书。这恐怕是最无聊的运用了。相反，我们应该将彼此关联的正确定理结合起来，使各种不同的定理不受次序和次数的限制加以运用。从理论主题中选出一些重要的实际应用，而后以系统的理论阐述、研究它们。理论阐述要保持简洁，但同时还要注意它是否精确和严谨。此外，阐述也不宜过长，过长会妨碍深度理解和准确判断。囫囵吞枣地吞下太多理论知识却不理解内化只会徒劳无获。同时，理论也不应该与实践相混淆。儿童应当了解何时该进行证明，何时该加以运用。我主张，所证明的理论应被运用，而只要条件允许，所运用的也应被证明。总而言之，证明和运用都为同一件事服务，即相辅相成的两个方面。

虽然我的论述表面看起来有些跑题，但接下来，我就可以单刀直入了。直到今天，我们才渐渐意识到，教育的艺术和科学需要一种天才禀赋，当然也需要后天的学习领悟；而这种天赋与技艺，远不是某一门科学或文学的空洞知识。上一代人对此真理也只是一知半解；于是，这些似懂非懂的校长们，开始要求与其共事的教师们学习用左手打保龄球，还要求他们培养对足球的爱好。但文化修养不只是板球，不只是足球，更不只是知识的多少。

教育是一门学习如何运用知识的艺术。而这门艺术很难传授。无论何时，当一本具有真正教育价值的教科书问世时，就会有评论家认为它不好教授。这种教科书当然难教；如果好教的话，它就该被焚毁，因为它不具备任何的教育价值。和其他事物一样，教育中的宽阔享乐之路，必然会走向肮脏险恶之路。这条罪恶之路，有时体现在书本中，有时表现在讲稿里。这些书和讲稿几乎能让学生死记住所有在下一次校外机构考试中可能出现的所有问题。我想顺便提一下，除非所有考试中的每个问题都由学科教师亲自设计或修改，否则教育体系就没有发展前途。校外的评估人员可以对课程或是学生的学业成绩进行鉴定，但如果没有真正教师的严格监督，或至少由其推动的学科小组的讨论授权，他们就无权问学生任何问题。当然也存在一些例外的情况，但身为例外，只要不违背原则，也是可以被接受的。

现在让我们回到之前提到的观点，即：应该将有价值的理论知识运用到学生的课程之中。想要做到这点，实属难上加难。因为，一切教育的核心问题，是让知识永葆青春活力和防止知识呆滞腐化。

最佳的教育做法取决于如下几个不可或缺的因素：教师的天才禀赋，学生的智力类型及其生活前景，紧靠学校的周边环境所能提供的潜在机会，以及诸如此类的其他因素。正因如此，校外主持的统一考试才会产生这么致命的危害。我们谴责它，并非因为我们成了喜欢谴责既定事实的怪人，我们可没那么幼稚。当然，这些考试也对懒散的学习态度有着一定的作用。我们之所以厌恶它，必定有非常明确和切乎实际的原因——因为它扼杀了文化的精华。当你试图借助经验来分析教育的核心任务时，你会发现教育的成功取决于对多种不同因素的细微调配。因为，我们面对的是人类的心智，而不是无生命的物质。唤起学生的好奇心和判断力，以及掌控复杂情况的能力，并使其在特殊环境中运用理论知识来畅想未来前景，以上都无法依靠考试科目表中的一套规则来获取。

我要请那些注重实际的教师们注意。在一个纪律良好的班级里，向学生传授一些惰性知识是一件轻而易举的事情。教师照本宣科，学生死记硬背，迄今为止，大家还认为这是一种不错的教学方法。以此，学生们学会了如何破解二次方程。然而，这样做的意义何在呢？也许我们可以从传统意义上解答这一问题，即：大脑是一个工具，首先要将它打磨得锐利，而后才能很好地使用；获得解答二次方程的能力，就是磨炼大脑的过程之一。这种传统说法之所以不被时代所淘汰，原因就在于有它存在的一定道理。但是，在它半真半假的陈述中却隐藏了一个根本性的错误，而这个错误有可能会扼杀现实世界中的天才。我的确不知道是谁首先将大脑比作无生命的工具，说不定是希腊七智中的一个呢。也或许是他们所组成的促进会。无论谁是发起者，它都毫无疑问地获取了社会名流的一致认可，具有不可触碰的权威性。但是，无论它有多大的权威性，无论它有多高的认可度，我都会毫不犹豫地驳斥它，因为它是迄今为止被引入教育理论中的最致命、最错误、最危险的概念之一。人类大脑从来就不是消极被动的，它处于一种连续不断、永不休止的活动之中，精细灵敏、易于接受、反应较快。你不能在磨好它之后才延续它的生命。不管学生对你的主题有何兴趣，你都必须马上唤醒它；不管你教给学生怎样的思维能力，你都必须当场展示它。这就是教育的黄金法则，也是一条难以遵循的定律。

困难就在于：无论怎么校对用词的准确性，对一般概念的理解，大脑的思维习惯，以及对智力成就的愉悦感，这些都难以用简单的话语表达出来。所有具备实际教学经验的教师们都知道，教育是一个需要耐心把握细节的漫长过程，不能忽略每一分钟、每一小时、每一天。根本不存在通过绝妙的概括就可以达到治学巅峰的捷径。有句谚语说得好，“只见树木不见森林”，这正是我一直强调的难点，教育的难题就在于要使学生透过树木而认识森林。

根除学科之间毫无关联的现象是我所极力主张的解决方案，因为这种支离破碎的状态扼杀了现代课程的活力。对教育而言，唯有一个主题——那就是丰富多彩的生活。然而，我们并未向学生提供此类单一的整体，而是教给他们代数——没有后续；几何——没有后续；科学——没有后续；历史——依旧没有后续；教他们两门语言，但却从不精通；最沉闷的当属文学，它不过就是教几部莎士比亚的戏剧，分析情节、认识人物，再让学生记一些语言学特点。而这种花开一半的系列课程能代表我们丰富多彩的生活吗？对它的最佳评价，不过是上帝在思考创造这个世界时灵光乍现的一个目录表，而他甚至都没决定如何将其融为一体。

现在，让我们回到二次方程这个还未解决的问题。为什么要教给儿童解答二次方程的方法呢？除非它与其他相关的课程完美契合，否则就没有理由教授关于二次方程的任何内容。此外，即便数学在整个文化领域中具有广泛的意义，我也有点怀疑，对不同类型的儿童来说，二次方程的代数解法是否取决于数学的专业角度。我可能要在这里提醒一下你们，虽然心理学或专业领域的内容是理想教育不可或缺的部分，我也没有对其做出任何评论。如果那样的话，就是在逃避一些实际问题，而我在此提到它，只是为了避免诸位误解我的观点。

二次方程是代数的一部分，而代数是清晰量化世界的一种智力工具。我们每个人都无法回避这个问题，因为这个世界无时无刻不被数量所影响。若想言之有理，必以数字论之。例如，说这个国家很大毫无意义——它到底有多大？说镭元素很稀缺也毫无意义——它到底有多稀缺？谁也无法逃避这些数量的概念。你可以投向诗歌和音乐，而数量和数字仍将在节奏和音阶里与你相会。有些优雅的学者轻视数量的理论，这是不成熟的表现。与其谴责他们，倒不如怜悯他们。他们在学生时代所学到的那些以代数为名的一堆废话理应受到轻蔑。

无论是表面上，还是实际上，代数都已退化为一堆没用的胡言乱语，这给我们提供了一个可悲的例子——即便我们希望在孩子们生动活泼的大脑中唤起他们的美好品性，但如果我们自己都对这些品性没有一个清晰的概念，就盲目地变革教育计划，也是徒劳无获的。几年前，有人大声呼吁，学校的代数需要改革。但最终人们一致认为图表可以解决一切。于是，其他东西全被逐出学校，而图表则被引入进来。然而，正如我所能看到的，在这一改革背后丝毫没有任何的想法，只有那些被大家一致推崇的图表。正如目前的每次代数考试都会包括一两道图表题。就我个人而言，是极力拥护图表的。但我却一直都在质疑，质疑我们到底收获了多少，是否达到了预期的目标。生活与所有的智力或情感认知的某种基本特征相互关联，除非你能成功地将二者之间的关系展示出来，否则就无法把生活植入所有普通教育的计划之中。这种说法难以表达，但的确是实话实说；何况我也不懂如何才能将其说得更加通俗易懂。你们做出了一些形式上的改变，却又被事物的本质而束缚得不能脱身。正如你们在与一个狡猾的对手作战，自认为可以使用策略战而胜之，却不料被其将计就计，反倒被俘。

改革应从另一头开始。首先，你必须明确在这世界上哪些数量关系足够简单从而引入普通教育中；其次，要草拟一份代数的课程计划，这份计划能在数量关系的应用中找到它的例证。我们无须担心自己所深爱的图表有朝一日会荡然无存，只要我们开始把代数视为一种认识世界的严谨手段，图表就会如雨后春笋般层出不穷。不难发现，最为简洁的社会研究中同样运用了简单的图表来描述其中的数量关系。相比那些满是干巴巴的名字和日期的目录，描绘历史的曲线图显然更加生动，提供更丰富的知识。然而前者却构成了沉闷的学校教学中的大部分。那些写有不知名的国王与王后的名录是要达到什么目的？汤姆、迪克或是哈利，他们早已归西。一般的革新都以失败告终，它们最好被暂时搁浅。现代社会中各方力量的数量变化能以简单的方式昭告世人。与此同时，有关变量、函数、变化率、方程式及其解法、消元法的概念，正被作为一种纯粹的抽象科学加以研究。当然，我不应在此夸大其词，而应借助一些适用于教学的简单的特殊事例来反复说明。

如果遵循这一路线，那么从乔叟[①]到黑死病，从黑死病再到现代劳工问题的线索将会把中世纪朝圣者们的传说和代数这门抽象科学联系起来，两者都体现了生活这一主题的不同侧面。在这一点上，我知道你们当中多数人的想法。我所勾勒出的这条准确的路线并非是你们愿意选择的那条，甚至你们都不愿看到它如何发挥自己的作用。我不是说自己就能做到这点。但你们的反对却恰恰解释了——为何统一的校外考试制度对教育而言是毁灭性的。若想成功地展示知识应用的过程，就必须从根本上依靠学生的品性和教师的天赋。当然，我并未触及我们之中大多数人更熟悉的那些最简单的应用，即：科学中与数量相关的领域，如力学和物理学。

---

① 杰弗雷·乔叟（Geoffrey Chaucer，1343—1400），英国小说家、诗人。主要作品有小说集《坎特伯雷故事集》。

再说，以同样的关联法，我们能够绘制出与时间呼应的有关社会现象的数据图表。然后，比较两种类似的社会现象并忽略其时间上的差异，我们就能看到二者之间是否存在某种程度上的因果关系或仅为一种时间巧合。我们注意到，对于不同的国家，可以对照时间绘制不同的数据图表，然后挑选适当的主题加以比较，从而得到一些或许只是巧合的数据图表，以及一些存在明显的因果关系的数据图表。我们想知道如何辨别这些图表，且对此乐此不疲。

但在考虑这一描述的时候，我必须恳请大家记住我上面一直在坚持的看法。首先，一种思维训练方式无法适应所有的孩子。例如，我应该预料到，那些喜欢做手工的孩子想要得到更为具体的东西，他们的思维比我想象的还要敏捷。或许我是错的，但我必须做这样的猜想。其次，我并非寄希望于一次精彩的讲座就能一劳永逸地激励出一个令人赞誉的班级。这不是教育应采取的方式。一直以来，学生们都在刻苦地解题，画图表，做实验，直到他们可以完全掌握某门学科。在此，我所描述的各种解释和方向都应该引导学生们的思维。要让他们感受到自己正在学习，而不只是演奏智力的小步舞曲①。

最后，如果你的教学目标是让学生通过某项普通考试，那开展有效教学的问题就会变得更为复杂。你们有注意过诺曼底式拱形门上那锯齿形的线脚吗？古代的艺术品是多么美轮美

① “智力的小步舞曲”，喻指那些流于形式的华而不实的教育。

奂，而现代作品却显得粗糙丑陋。原因就在于：现代作品是按精确的尺寸测量制作而成，而古代的艺术品则随工匠的风格变化而变化。前者紧凑，后者舒展。现如今，为了让学生通过各项考试，就要对教学规划中的全部内容都给予同样的重视。但人类在天性上就各不相同，存在差异。就同一门学科而言，有的人可以做到融会贯通，而有的人则只是穿凿附会。我明白，在为培养广义的文化修养而特别设计的课程中，允许专业化的存在显然有些矛盾。但没有矛盾的世界将会变得简单而无趣。我敢肯定，在教育的任何领域，排除专业化等同于毁灭生活。

现在，让我们看看一般数学教育中的另一个巨大分支——几何。相同的原则也适用于此。其中的理论部分必须明确、严谨、简洁且具有重要意义。那些对展示概念之间主要联系但不是完全必要的命题都应被去除，但是重要的基本概念应该被保留下来。有些概念不能被忽略，如相似性和比例。我们必须牢记，多亏了形象化的图形帮助，几何才成为一门训练思维推理能力的无可比拟的学科。当然，几何作图还训练了我们的手眼协调能力。

但是，和代数一样，几何与几何作图必须超越几何学的概念范畴。在工业领域，机械和车间操作可以作为几何学的适当延伸。例如，这方面在伦敦工艺专科学校已经取得了引人瞩目的成功。对一些中等学校而言，我建议，测量和绘制地图是对这门学科的自然运用。特别是，绘制平面图会让学生生动地理解几何原理如何被立即运用。简单的绘图工具，测绘员常用的测链或罗盘，都能使学生从对一块土地的勘定和测量提升至一小块区域的地图绘制。最好的教育莫过于用最简单的工具获得最大限度的知识。因此，我们强烈反对为学生提供精密的仪器。通过绘制一小块区域的地图，思考它的街道、轮廓、地质和气候，与其他区域的联系，以及对当地居民生活现状的影响，所有的这些都教会学生更多的历史和地理知识，超越了任何关于珀金·沃贝克①和贝伦海峡（Behren's Straits）的知识。我所指的不是关于某一学科的模糊演讲，而是对其展开的认真调查，是借助准确的理论知识查明真正的事实。一个典型的数学问题应该是：测量一块土地，按比例绘制地图，然后找到它的区域。这将会是一种极佳的教学程序，即：在没有进行证明的情况下教授必要的几何命题。然后，让学生在进行测量的同时学会如何证明命题。

幸运的是，专业教育所呈现的问题要比普通文化修养的问题简单一些。原因是多方面的。其一，在两种情况中所必须遵循的程序原则都是相同的，无须重述。其二，专业训练发生或

① 珀金·沃贝克（Perkin Warbeck，1474—1499），亨利七世处决了所有对他的王位构成威胁的约克家族成员，但是总有人假扮死去的约克家族成员给他添乱，其中一人名叫珀金·沃贝克。他是一个船夫的儿子，但他却声称自己是伦敦塔里被理查三世杀害的爱德华四世的次子。之前，沃贝克从可恶的骗子逐渐变成了极具威胁的人物，因为他的表演十分成功，欧洲各国君主以及包括真正王子的姑姑在内的约克家族成员都支持他的行动。但最终，沃贝克自称“理查四世”登陆英格兰，最后被抓住并判处绞刑。

理应发生在学生学习的较高阶段，且到如此程度时，学生会有比较容易的材料进行研究学习。但毋庸置疑的是，最主要的原因归结于专业学习对学生来说通常是一种特殊的学习兴趣。他学习某个专业领域的知识，是因为他出于某种原因想要去了解。这使一切变得不同了。普通的文化教育旨在激发心智活动，而专业课程则是利用了此类活动。然而，我们不必过多地强调两者间的对立。正如我们早已看到的一样，学生会在普通文化的课程中产生特殊的兴趣；类似的是，在专业化学习中，学科之间的外在联系也会拓展学生的思维。

再说，不可能存在一种学习课程仅仅传授普通文化，另一种课程仅仅传授专业知识。一方面，特别为普通文化教育所开展的学科都是需要专门学校的特殊课程；另一方面，激励一般心智活动的方式之一，就是培养某种特殊的爱好。你不可能去分割这一天衣无缝的学习方式。教育必须传达的是对思想的力量、思想的美好和思想的逻辑的一种深刻的认知，以及一种特殊的知识体系——这种知识与学习者的生活有着特殊的关系。

欣赏思想的逻辑，是有教养的心智的一种表现，它会因专业学习而得到提升。我指的是既有全局意识又能看到不同思想之间相互联系的那种能力。唯有专业学习能使我们欣赏到一般思想的确切表达，领悟这些思想被表达时它们之间的相互关联，以及领会它们对欣赏生活所发挥的作用。在抽象思维的理解与事实真相的分析中，我们的心智受到了训练，这样经受过训练的思维能力极为抽象，又极为具体。这种训练得益于对抽象思维的理解以及对事实的分析。

最后，我们应该培养所有思想品质中最难得的一点，即对风格的感知。它是一种审美感，是基于对预见性结果的简单而又不失浪费的赞美。艺术的风格、文学的风格、科学的风格、逻辑的风格、实践的风格，统统这些在本质上都有相同的美学特质，即实现与约束。对科学本身的热爱，不是跑在精神甲板上的快感，而是在学习中所表现出来的对风格的热爱。

此处，我们又被带回到最初开始的地方，即教育的功用。风格，以其最佳的意义，是最终获得教化了的心智；风格也是最有用的东西。它无处不在。有风格的管理者不喜欢浪费；有风格的工程师会节约材料；有风格的工匠偏爱精美的作品。风格是人类精神世界的道德归宿。

然而，凌驾于风格之上、知识之上，还有一种类似于希腊众神之上的命运般模糊不清的东西，那就是力量。风格是力量的使用方式，是对力量的约束。但毕竟达成预期目标的力量才是根本所在。首要的事情是要达成目标。不要受你的风格困扰，而是要解决你的问题，去证实上帝给予人类的方式是正确的，履行你的职责，或完成任何摆在你面前的其他事情。

那么，风格在哪些方面能帮助到你呢？有了风格，你可以远离细枝末节的问题直至达成目标，而不会出现令人讨厌的插曲。有了风格，你可以达成你的目标而非其他目标。有了风格，你就能预测你的行动效果，远见就是上帝赐予人类最后的礼物。有了风格，你的力量得以提升，因为你的思想不会被一些不相干的事情所困扰，而你就会付出更大的努力来达成目标。现如今，风格是专家独有的特权。谁听过业余画家的风格，业余诗人的风格？风格通常是专业学习的产物，是专业化对文化的独特贡献。

现阶段的英国教育因缺乏一个明确的目标而诟病百出，它深受扼杀其生命力的外部机构的影响。在此次演讲中，我一直都在思考那些应对教育起着决定性作用的目的。在这一点上，英国一直都在两种观点间徘徊不定：到底是培养业余爱好者，还是打造专家型人才。在十九世纪，世界发生了深刻的变化，即知识的增长给予了我们预见未来的能力。业余爱好者在本质上是一群有着鉴赏力的人，他们能够灵活多变地完成一项常规性任务，但又缺乏经过专业知识洗礼的预见能力。这次演讲的目的是建议人们如何在不丧失业余爱好者基本品质的同时培养专业性人才。我们的中等教育系统在它本应柔软的地方僵化，本应严谨的地方松懈。任何一所学校都要经受这样的痛苦，为了学校的生存不得不训练学生应对一定的考试。没有哪个校长可以根据学校的契机，全权发展适合自己的普通教育或专业教育，这种机遇是由学校的教职员工、所处的环境、学生以及得到的捐赠所共同创造出来的。我认为，所有旨在考察个体学习者的校外考试系统都只能造成教育的浪费。

首先，被考察的应该是学校而不是学生。每所学校都应该根据自己的课程颁发自己的毕业证书。这些学校的标准应该经过抽样检查和修正。但是教育改革的第一要务就是把学校作为一个有着自身课程的单位，这些课程是基于学校需要，由教职员工开发出来并最终获得批准的课程。如果我们不能保证这点，我们就很容易从一种形式主义走向另一种形式主义，从一堆无用的惰性思维走向另一堆无用的惰性思维。

在说到学校是任何国家机构中维持效率的真正的教育机构时，我会把个别学生的校外考试看作一种可供选择的制度。但每位斯库拉①都将面对它的卡律布狄斯②，或者，用更通俗的话说，每条路两旁都有一道壕沟。如果我们落入某个主管部门的手里，而主管部门自认为能将所有学校分割为两到三种严格的类型，那么，对教育而言，就会带来灾难性的后果。当我说学校是教育单位时，我的意思是，那种无更大或更小之说的单位。每所学校都必须有权考虑自身的特殊情况。为了某种目的对学校进行分门别类是有必要的。但是绝不允许存在任何未经本校教师修正的课程。同样的规则，有了适当的调整，也完全适用于大学和技术学院。

---

① 斯库拉（Scylla，或称为 Skylla，在希腊语中称为 Σκύλλα，来自希腊语动词 σκύλλω，“撕碎、扯破”之意），是希腊神话中吞吃水手的女海妖。

② 卡律布狄斯（Kharybdis/Charybdis，“吞咽”之意）：海王波塞冬（Poseidon）与大地女神该亚（Gaea）之女。为希腊神话中坐落在女海妖斯库拉隔壁的大漩涡怪，会吞噬所有经过的东西，包括船只。

当一个人全面而深入地考虑教育对一个民族国家的青年人是多么重要时，就会对破碎的生活、受挫的希望、民族的破败感到强烈愤慨，统统这些都源于处理教育问题时轻浮而迟钝的态度。在现代生活的条件下，规则就是绝对的，任何不重视智力训练的民族必定走向灭亡。你们的英雄气魄，你们的社交魅力，你们的智慧，你们在陆地或海洋上所取得的一切胜利，统统这些都不可能彻底挽回这一命运。今天，我们还能维系当前的状态。明天，科学将会更进一步，那就是，当未受过良好教育的人们受到审判时，将不再有人为他们上诉。

教育教导我们要有责任感和敬畏感。责任来自我们对事件过程的潜在掌控。当习得的知识可能已经改变了问题的本质时，无知就成了罪过。敬畏感基于这样的一种感觉，即：现在包含全部的存在，向前和向后都是天道循环，是永恒的存在。

此外，生命中还存在更加微妙的智力发展周期，它们循环往复地出现，然而又总是以不同的姿态追随我们走过一个又一个的循环，即使每个周期都会重制它的附属阶段。这就是为什么我会选择“节奏”作为我的主题，意在表达重复框架中的差异性。教育呆板无效的主要原因，就是对智力发展的节奏和特点缺乏关注。

第二章　教育的节奏

我所谓教育的节奏（the Rhythm of Education），是指特定原则，其中的实际应用为每一个接受过教育的人都熟知。因此，当我意识到我演讲的听众是英国的一些教育领袖时，我不再期待我能讲出一些对你们来说富有新意的东西。然而，我的确认为，考虑到影响应用该原则的所有因素，该项原则还未得到充分的讨论。

首先，我设法用一种最为简单的陈述来阐明什么是教育的节奏，从而清晰地表达这次演讲的重点。这个原则其实就是——在学生心智发展的适当阶段，为学生提供不同的学科和学习方式。你们会认同我的说法，觉得这不过是众人皆知的老生常谈，甚至没有人怀疑过。其一，我是真的想强调我演讲的基本思想有哪些主要特征；其二，就是这里的听众肯定会自己发现这一特点；其三，要从我选择这一演讲主题的理由说起，那就是我不认为这个显而易见的真理在教育实践中得到妥当处理，我们有理由要对学生的心理发展给予应有的重视和关心。

幼儿时期的任务

我要对某些原则的完整性提出异议，这些原则经常被用于指定学科学习的顺序。我的意思是，只有清楚地解释了这些原则，人们才会认定它们是正确的。让我们首先思考一下困难的标准是什么。有这样的一种说法，认为相对简单的科目应当先于较难的科目教授，这种观点并不正确。与此相反，人们应该首先学习一些最难的科目，因为这是人的天性使然，也是生存所需。摆在幼儿面前的一项首要任务就是口语的习得。这真是一项令人生畏的任务，需要把声音和含义联系起来。我们都知道幼儿完全可以做到，他的这种奇迹般的成就是可以解释的。但所有的奇迹都如此，对智者而言它们仍然是奇迹。我要请求的就是，有了这个摆在面前的例子，我们应该停止这种把较难的任务往后放的无意义讨论。

接下来，幼儿要接受怎样的心智教育呢？那就是书面语言的学习，即：把声音和形状联系起来。天啊！难道我们的教育专家们是疯了吗？他们为一个正在牙牙学语的六岁孩子设定了一些甚至可以威吓到智者的任务，而这些任务要终其一生才可完成。再举个例子吧！代数原理是数学学习中最难的部分，然而必须放在相对简单的微分学之前学习。

我将不会进一步地阐述我的观点；我只是以此方式再重申一遍，对复杂的教育实践而言，推后学习较难的部分并非权宜之策。

指导学科主题排序的另一个原则是学习某一主题所必需的先行知识要安排在该主题之前。显然，这条所需知识先行原则有着更为坚实的依据。例如，在你学会阅读之后才能去读《哈姆雷特》；在你学会了整数之后才能去学分数。然而，这条坚定的原则却经不起仔细推敲，从而站不住脚跟。它当然是对的，但前提条件是你要对所学的科目进行人为的限制。但运用这一原则的风险在于，从某种角度看，它几乎是人人接受的必然真理，而从另一个角度看，它却常常被用错。你在学会阅读前就不能读荷马①；但有很多孩子，乃至过去几个世纪以来的很多成人，通过聆听母亲的口头讲述或游吟诗人的唱诵，与《奥赛罗》一同在充满传奇色彩的大海上扬帆破浪。不加判断地运用这条所需知识先行原则，单纯为了组织内容而把某些主题放在其他之前，将产生教育领域的撒哈拉沙漠。

智力发展的阶段

我之所以将“教育的节奏”这个主题选入我的演讲，是出于对当前某些观点的批判。学生的进步经常被认作一种匀速

① 荷马（Homer，约前9—前8），古希腊盲诗人。史诗《伊利亚特》和《奥德赛》，是他根据民间流传的短歌综合编写而成。他的杰作《荷马史诗》，在很长时间里影响了西方的宗教、文化和伦理观。

发展的、持续稳定的过程，形式不变，速度一致。例如，人们也许会设想一个小男孩在他十岁的时候开始学习拉丁文，若按匀速、持续稳定的发展进程，他在十八或二十岁时就能成长为古典文学的学者。我坚持认为，这种教育观点源于对智力发展过程的错误心理学认知，它极大地妨碍了我们方法的有效性。生命在根本上就是阶段性的。它由日常周期构成，包括工作与娱乐的交替、活动与睡眠的交替，支配学期与假期的季节周期，还有明显的年度周期。这些是任何人都无法忽视的明显周期。此外，生命中还存在更加微妙的智力发展周期，它们循环往复地出现，然而又总是以不同的姿态追随我们走过一个又一个的循环，即使每个周期都会重制它的附属阶段。这就是为什么我会选择“节奏”作为我的主题，意在表达重复框架中的差异性。教育呆板无效的主要原因，就是对智力发展的节奏和特点缺乏关注。我认为黑格尔①把发展过程分析为三个阶段是正确的，即他所说的正（thesis）、反（antithesis）与合（synthesis）。即使我想把黑格尔的这个概念运用到教育理论当中，我也认为他对三个阶段的命名不是非常具有启发性。我更愿意将智力发展的三个过程命名为：浪漫（romance）阶段、精确（precision）阶段和综合运用（generalisation）阶段。

---

① 格奥尔格·威廉·弗里德里希·黑格尔（Georg Wilhelm Friedrich Hegel，常缩写为 G. W. F. Hegel，1770—1831），德国哲学家。是19世纪德国唯心论哲学的代表人物之一。

浪漫阶段

浪漫阶段是领悟的初始阶段。这个阶段的主题既新奇又生动，包含一些未曾探索过的可能联系和若隐若现的大量内容。在这一阶段，知识不受系统程序的支配，这里所说的系统是为了特定目的而逐步建立起来的。此时的我们处于对事实的直接认知中，只是偶尔对事实进行系统化分析。浪漫的情感从根本上来说是一种兴奋的结果，这种兴奋是从一些单纯的事实转化为开始认识它们之间未曾探索的关系而来的。例如，鲁滨孙只是个男人，沙滩只是片沙滩，脚印只是串脚印，荒岛只是个荒岛，欧洲也只是个繁忙的人类世界。但是，当我们意识到在鲁滨孙、沙滩、脚印以及与欧洲隔离的荒凉小岛之间存在着某种若隐若现的关联时，就有了浪漫的探索。我之所以采用这个极端的事例作为陈述，是为了让我的观点做到真正的简单易懂。但这个例子可以很贴切地表明发展过程中的第一阶段。教育在本质上必须是对大脑中已经存在的复杂骚动进行排序整理的过程。你不可能教育一个空白的大脑。在我们的教育理念中，我们倾向于把它界定为循环过程中的第二阶段，即精确阶段。然而，在对全部问题存在误解的情况下，我们很可能限制自己的教育任务。我们要对纷繁复杂的骚动、精确知识的习得以及随之而来的学习成果给予同等的关注。

精确阶段

精确阶段也代表了一种知识的增长。在此阶段，知识间的广泛关系从属于公式化的准确性。这是学习基本原理的阶段，即学习语言文法和科学原理的阶段。在此期间，学生必须一点点地接受一些分析事实的既定方法。新的事实有所增加，但增加的都是适合分析的事实。

很明显的是，精确阶段若是离开了先前的浪漫阶段，就会变得苍白无力。除非具备一些经过广泛而普遍的模糊理解的事实，否则先前的分析就称不上分析。它不过是一系列对苍白事实的毫无意义的陈述，这些事实是人为提出的，没有进一步的关联。我重申，在此阶段，我们不能只是停留在从浪漫阶段所获得的那些事实里。浪漫阶段的事实早已揭示出可能具有广泛意义的种种概念，而我们在精确阶段则以一种系统化的顺序获得另一些事实，从而实现对浪漫阶段中一般事实的揭示与分析。

综合运用阶段

最后的综合运用阶段就是黑格尔提出的理论综合。它是一种对浪漫主义的回归，其中增添了分类概念的优势及其相关技能。这是精确训练的实现目标，是最终的胜利。由于我在后面的评论中预先假设我们已经清楚理解了这三个阶段的循环周期，因此，我恐怕必须要对一些明显的概念进行枯燥乏味的分析了，这是不得已而为之。

循环的过程

教育应该存在于这些阶段的持续不断的重复之中。从狭义上说，每节课都应在它自己的从属过程中形成一个漩涡周期。越是较长的周期越要获得明显的收获，进而形成新一轮循环的起点。我们应该摒弃这样的想法——在教育中设定一个不切实际的虚无缥缈的目标。如果教师能激励学生在满足周期性欲望时获得成功，那学生定会不断地为这些成功感到欣喜，并开始新的学习。

幼儿最初的浪漫阶段是从理解物体和物体间的联系开始的。幼儿智力发展的外在表现形式是将其心理感知与身体行为协调起来。幼儿在精确阶段要做的首要事情是掌握口头语言这个工具，使之帮助自己对所思所想的物体进行分类，进一步地理解自己与他人间的情感联系。幼儿综合运用阶段的第一步，就是把语言作为一种用来划分物体的工具加以使用，在使用的过程中提升自己的认知愉悦感。

首个智力发展的循环周期是从感知的获得到语言的习得，再从语言的习得到分类思维和更敏捷的感知形成，对此，我们应该对其进行更加仔细的研究。这是唯一一个我们能在幼儿单纯而自然的状态下观察到的发展循环周期。而之后的循环周期都无不受到现行教育模式的影响。这个循环周期有一个特点，那就是取得了完全的成功，但令人遗憾的是，这一特点在之后的教育中消失殆尽。在这个循环周期结束的时候，孩子们可以说话，可以对自己的观念进行分类，他们的感知能力也变得更加敏锐。这个循环周期达成了自己的目标，这远远超过了大多数学生在大多数教育体制下所获得的成就。但为什么会有如此的成就呢？当然，在我们意识到摆在新生儿面前的是多么困难的任务时，我们自然会想到他在智力发展方面毫无希望。我认为，是幼儿身边的自然教育环境为其正常的大脑发展布置了一项合适的任务。我认为一个孩子学会说话继而更好地思考，并没有什么特别的神秘之处，但它的确为我们的反思提供了精神食粮。

在之后的教育中，我们还未找到其他的循环周期，如同幼儿发展周期一样可以在有限的时间里管理他们的发展过程，在有限的自身环境中获得完全的成功。而这种成功的获取在儿童的自然循环周期里是一个显著的特征。之后，我们让一个孩子在他十岁的时候开始学习某门课程，说拉丁语，并期许通过统一的正规训练体系让他在二十岁时获得成功。但结果自然是失败的，无论是在兴趣方面还是在知识的获得方面。我所提及的“失败”，是将我们的结果与第一个自然循环周期的巨大成功相比较时得出的结论。我不认为失败的原因在于我们的任务本身太过艰巨，而在于我们以一种非自然的形式设置任务，没有节奏，没有中间阶段的成功带来的激励，没有集中精力。

我还没提到集中精力的特点，它与幼儿的进步有着引人瞩目的关联。幼儿会全身心地投入他在发展循环周期的训练之中，没有什么能干扰他的智力发展。就这方面而言，这个自然循环周期与之后的学生发展轨迹存在明显的差异。显然，生活是多姿多彩的，因此，幼儿的心智会自然而然地多样化发展，以适应这个注定要生存其中的大千世界。然而，出于此种考虑，我们应该明智地为以后的每一个循环周期保留一定的专注力。特别是，我们要避免在各循环周期的综合运用阶段开展不同的学科竞赛。旧式教育的一大弊端在于对无差异的单一课程给予无节奏的关注。而我们的当代教育坚持一种初级的普通教育，允许把知识分至不同的学科当中，这同样是在毫无节奏地收集令人困扰的知识碎片。在此，我呼吁：我们要努力在学生的头脑中绘制一幅和谐的图案，把教学中对学生的直观理解有价值的不同内容调整到各自从属的循环周期中去。我们必须做到不违农时，即在合适的季节收获合适的作物。

青春期的浪漫

现在，让我们来说说在我前面的演讲中所提出的观点有哪些具体的应用。

在最初的婴幼儿循环周期之后，随即而来的是青春期的循环。这个循环以目前为止我们所经历的最浪漫的阶段开始。正是在这个阶段，儿童的性格得以塑造。儿童在青春期的浪漫阶段如何表现，决定了他以后的生活如何受到理想的塑造和想象的渲染。接踵而至的就是通过获得口语和阅读能力而生成的综合运用能力。相对来说，从属于婴幼儿循环周期的综合运用能力是很短暂的，原因在于婴幼儿期的浪漫素材十分匮乏。无论从任何发展的角度看待“知识”一词，儿童对世界的最初认识都开始于首个循环周期完成之后，继而进入精彩的浪漫阶段。各种观点、事实、关系、故事、历史、可能性和艺术，以语言、声音、形状和色彩等形式，涌入孩子们的生活，刺激他们的感受，激发他们的鉴赏力，激励他们去做类似的活动。但令人悲哀的是，儿童却在这个黄金时期沦落到填鸭式主义的教师的阴影之下。我所说的这个时期大约有四年之久，一般情况下，从八岁到十二、十三岁。

在这个伟大的时期，儿童学会了如何运用母语，培养了观察和处理问题的能力。幼儿不会巧妙地应对周围的环境，但儿童可以；幼儿不会通过语言的回忆保留思想，但儿童可以。因此，儿童进入了一个全新的世界。

当然，精确阶段通过在较小的循环周期里重复出现来延长自己的时间，而这些较小的循环周期在巨大的浪漫周期内形成了漩涡。完善书写、拼写和运算能力，理解和掌握一系列的简单事实，如英国的历任国王，这些都是精确阶段的学习内容，对训练儿童的专注力和获得有用的知识都十分必要。但是，这些内容在本质上却表现得支离破碎。而重要的浪漫阶段才是能将儿童推向精神生活的滚滚洪流。

蒙台梭利教育法[①]的成功在于，它认识到了浪漫在儿童成长过程中所发挥的主导性作用。如果这点可以作为它成功的解释，那它同时也能指出这种方法在使用方面的局限。在一定程度上，这种教育方法对于儿童发展的每个浪漫阶段都必不可少。它的精髓是阅尽世间百态，鼓励常新常鲜。但它缺乏精确阶段所需要的约束力。

语言的掌握

当儿童的心智发展快要接近浪漫阶段的尾声时，这种循环的成长过程就开始指引他转向精确知识的学习。自然而然地，语言就成了儿童专心攻克的主题。这是一种他相当熟悉的表达方式。他了解了一些讲述他人和其他文明社会生活的故事、历史和诗歌。于是，从十一岁开始，他需要在语言的精确知识方面逐步增加专注力。最后，从十二岁到十五岁的三年里用大量的语言知识武装自己，如此按计划进行，就会得到一个确切的有价值的结果。我应该会做出如下猜想，在这些时间的限制下，再给予对某个领域的足够关注，我们可以说在这个阶段结束的时候，孩子们就能掌握英语，能够流畅地阅读相对简单一

① 蒙台梭利教育法是以意大利的女性教育家玛丽亚·蒙台梭利（Maria Montessori，1870—1952）的名字命名的一种教育方法。其主要原则有：以儿童为中心，提供充分的教具，不“教”的教育，把握敏感期的学习，等等。

点的法语，能完成拉丁语的初级学习；我是指，能够掌握拉丁语语法中易懂的精确知识、拉丁语句法结构的知识，以及学会阅读一些适合的拉丁语作家的论著。或许这是些经过简化的作品，还配有最佳的译文，从而将原著的阅读与译文的理解完美地契合在一起，共同帮助孩子们从文学的整体角度掌握这本书。我认为，对一般的儿童而言，这就是一种学习这三种语言的不错方法，但前提条件是：他们没有被其他需要精确学习的多样化学科所分散精力。当然也存在一些有天赋的孩子可以学得很好，走得更远。对他们而言，学习拉丁语相对简单。因此，只要他们对文学感兴趣，想要在未来的几年内继续学习，他们就可以在这个阶段结束以后开始希腊语的学习。而其他学科将会被列为次要的学习安排，以不同的态度被差别对待。首先，我们必须要记住，那些半文学的科目，如历史，将会在语言学习当中得以体现。就好比，如果我们没有学习一点欧洲历史知识的话，就不可能阅读某些英语、法语和拉丁语的文学著作。我不是说所有的专门历史教学都应该被摒弃，而是建议：历史这门学科应该以我所称之为的“浪漫精神”来展现；同时学生不应该服从于为回忆精确的细节知识而组织的大规模的系统化考试。

在这个发展时期，科学应该处于它的浪漫阶段。学生应该在仅有零散的准确思维的情况下，学会自己观察、自己实验。不管是出于对理论的兴趣，还是某个技术目标，科学的重要性的本质就在于它对具体细节知识的运用。而且每一次的知识运用都会唤起一个全新的研究问题。因此，科学领域中的所有训练都应以研究开始，以研究结束，并始终把握自然中发生的事实素材。选择适合这个年龄的正确指导方式和对实验的精准限制，都取决于我们是否有丰富的经验。但我仍然呼吁，对科学的浪漫而言，这个时期是最佳的学习年龄。

对科学的专注

在 15 岁左右，语言的精确阶段和浪漫阶段开始接近尾声，随即而来的便是语言的综合运用阶段和科学的精确阶段。这应该是个短暂的时期，但却至关重要。我认为，这个阶段大约要经历一年左右的时间，这将必定改变之前课程间的相互平衡。我们应该集中精力地学习科学，适度减少对语言学课程的精力投入。随着之前的浪漫学习达到顶峰，再花一年的时间学习科学，可以让每个学生更好地理解决定机械、物理、化学、代数和几何等学科发展的主要原理。理解这些原理并非是这些学科的开门砖，而是通过准确地阐述它们的主要概念来把之前分散的学习内容融合起来。就拿我有所了解的代数和几何为例，说说我的看法吧。在过去的三年时间里，学生已经学习了用最简单的代数公式和几何命题来解决测量问题或与计算相关的其他科学任务。以这种方式，通过强调明确的数字结果，学生的算术能力得到了加强，熟悉了字母公式和几何命题的概念，学到了一些处理问题的简单方法。因此，在熟悉这些科学概念的过程中就没有浪费很长的时间。学生们已经准备就绪，去学习那些他们应该去全部掌握的少部分代数和几何原理。除此以外，在之前的发展阶段，某些男孩展现了一定的数学天赋，他们将继续在数学上有所发展。在最后一年，他们会以牺牲某些其他学科为代价加强数学方面的学习。我仅仅是拿数学做个例子。作文的精确学习被暂时告停，而语言的学习只限于阅读文学作品，重点放在了作品的思想和它所身处的普遍环境；同时，分配给历史的学习也将转向对某个短暂的特定时期的精确研究上。选择这段时期是为了明确说明在这个重要的历史时代所发生的历史事件，以及表明如何简单地判断相关的历史人物和政策。

至此，我已经大致简述了从婴儿期到十六岁半的教育框架，这个框架是以生命的节拍为依据做出的相应安排。以这种方式开展的普通教育是可行的，身在其中的学生不仅能专心学习，而且能对所学知识怀有一定的新鲜感与活力。因此，精确学习经常说明的是已经被理解但需要迫切处理的主要问题。每个学生都会把注意力依次地放在各种各样的不同学科上，继而找出他的强项。最后，所有目标中最心随我愿的一个就是，理科学生能够获得无价的文学教育，同时能在最敏感的年龄开始养成在科学领域独立思考的能力。

过了十六岁，又有新的问题出现了。对文科学生而言，科学知识的学习进入了综合运用阶段，大部分是以讲座的形式讲授科学的主要成果和一般概念。接下来的就是新一轮的语言、文学和历史学习。但在这个新的循环周期里，无须进一步地学习细节知识。对科学知识的学习者来说，精确阶段会一直延续到学校生活的结束，此时的学生在不断地加深对科学中更为广泛的一般概念的理解。

然而，在这个教育阶段，问题太过个性化，或者至少可以分解为许多种个案，以至于不存在广泛而普遍的处理方法。但是，我强烈建议：所有的学习者都应该继续学习法语，如果他们还没有学会德语，那就开始学吧。

大 学 教 育

如果你还能忍受我的演讲，我想现在就和你们再谈谈这些思想对大学教育有什么样的重要性。

从幼儿到成人的整个发展阶段，形成了一个巨大的循环周期。其中，浪漫阶段涵盖了最初十二年的学习生活，精确阶段包含了全部的中等教育时期，综合运用阶段是儿童进入成年的阶段。对于那些在中学教育之后进而接受正规教育的人来说，大学课程或与其水平相当的课程，都是很重要的综合运用阶段。综合运用阶段的理念应在大学中占据主导地位。大学的讲座是面向那些早已熟悉细节和程序的听众；换句话说，至少熟悉与之前所受训练相当的内容，以便容易接受。在中学期间，学生们埋头学习；而在大学，他们应该站起身来，环顾四周。正因如此，如果大学的第一年就浪费在用旧的理念去复习旧的学习内容，那会是一个致命的错误。在中学阶段，学生们费力地从学会处理特殊事例向掌握一般概念发展；在大学里，他们应该从掌握一般概念开始，继而了解它们在具体事例中的运用。一个设计得好的大学课程来自对一般原理的广泛研究。我并非是指，从它与具体事实割裂的角度来看，它就应该是抽象的，而是指我们应该通过研究具体事实来说明一般概念。

智力的培养

智力的培养是大学教育的一个方面，它在于理论兴趣与实际效用相结合。不管你向学生灌输什么样的细节知识，他都不大可能会在以后的生活中遇到这个细节知识；即便会遇到，他也很可能忘了你在课堂上教了什么。真正有用的教育是让学生通过把一般原理运用到多种不同的具体细节中来透彻地理解这些规律。在随后的实践中，人们可能早已忘了那些具体的细节，但他们会通过潜意识记起如何把这些原理立即运用到当前的情况之中。直到你丢掉课本，烧掉听课笔记，忘记你为了考试而用心学习的日日夜夜，你的学习对你来说才是有用的。你所需要不断记忆的那些细节知识就好像太阳和月亮一般，显而易见；而你偶尔需要的那些，也会在任何参考文献中查阅得到。大学的功能是让你摆脱细节而崇尚原理。当我谈及原理的时候，我甚至想不到任何的口头描述。一个真正渗透到你内心里的原理与其说是一种正式的陈述，不如说是一种思维的习惯。它已经变成了大脑对一些合理刺激的反应方式，而这些刺激表现为一些例证型情况。没有人在处理这些情况时，知识会清晰而有意识地摆在他的面前。智力的培养就是大脑在应对某一活动时采取的一种令人满意的方式。学习常被说成是，我们在浏览所有已读书本的开放书页，一旦有时机出现，我们就会挑选合适的那页，大声朗读给全世界听。

幸运的是，事实与这个尚不成熟的想法并非相差甚远；正因如此，纯粹的知识与专业成就之间所存在的对立，应该要比一个误导我们做出预测的错误的教育观点轻得多。我可以用其他方式来阐述我的观点，那就是：一所大学的理想，不在于知识，而在于力量。大学的职责是把一个孩子的知识转化为一个成人的力量。

成长的节奏特点

我将以两点评论来总结我的陈述，我希望用提醒的方式来阐释我的观点。这部分演讲的主题是成长的节奏特点。一个人的内在精神生活好比一张由很多线编织而成的大网。这些线不会始终如一地一同延伸。我曾设法通过选取一些在良好环境中成长但同时具备中等能力的孩子，观察他们能力的正常发展来说明这一事实情况。也许我曲解了这一正常现象。我也很可能会失败，因为证据复杂且困难。但是，请不要因为我在这一点上的任何失败而对我在这里强调的主要观点心存偏见。智力发展自身所展现的是一种节奏性，它包含着相互交织的循环周期，而整个过程作为发展中的小漩涡又被一个有着相同特点的大周期所控制。此外，这种节奏性还显示出一些特定的可发现的一般规律，这些规律对多数学生都有效，我们的教育质量应该适应学生发展节奏的相应阶段。与课程有关的问题不只是一系列科目，因为所有科目在本质上都应该开始于智力发展的拂晓阶段。真正重要的顺序是教育过程所认定的性质的顺序。这是我的第一个提醒。

我的第二个提醒是：请不要夸大处理同一个循环周期的三个不同阶段所存在的明显差异。我猜想，当你们听到我说起每一个循环周期的三个阶段的细节信息时，你们当中一定有很多人会自言自语道：这多像一个数学家在做正式的分类啊！我保证，这无关数学，是语言表达能力有限，也许令我犯过此时此刻我告诫你们要避免的错误。当然，我的意思是，从始至终就存在重点的不同、主要特质的不同——浪漫、精确和综合运用。然而，它们都是交替地占据主导地位，也就是这种交替形成了各个循环周期。

教育中自由和纪律的对立，并没有我们在对这两个词语的含义进行逻辑分析时所想象的那么尖锐。学生的大脑是一个不断成长的有机体。一方面，它并非一个被人无情地塞满各种陌生想法的盒子；另一方面，知识的有序获取为智力的发展提供了天然的食物。因此，一种理想的教育的目的应该是，纪律是自发选择时的自愿结果，自由因为纪律的保障会获得丰富的机会。

第三章　自由和纪律的节奏

理想的凋谢悲哀地证明，人类的努力遭受了挫败。在古代的学校里，哲学家们渴望传授智慧，而在现代的大学里，让我们自惭不已的目标是教授不同的科目。从古代先贤所追寻的神圣智慧沦落为现代人在课本中获得的学科知识，这象征了历史长河里所经受的教育失败。我不是在强调，古代的教育实践要比我们当前的教育实践成功得多。你只要去阅读一下卢奇安①的作品，关注一下他对哲学家们自命不凡的主张所做的戏剧化评论，就会看到在这一点上古人并没有太多可以对我们炫耀的优势。我的观点是，在欧洲文明的破晓阶段，人们一开始就心

① 卢奇安（Lucian），古希腊讽刺散文作家。生活在罗马的奴隶制度开始衰败、但罗马帝国仍然保持着表面平静的时代。他的散文风格清新，语言生动，充满戏谑成分。

怀能够启发教育的各种理想，而为和我们的实践保持一致，这些理想也渐渐地沉寂。

然而，当理想下降至实践水平，随之而来的结果便是停滞不前。特别是，只要我们认为智力教育仅仅是获取机械化的心智能力和系统化阐述有用的事实，那么我们的教育就不可能再有任何进步了；当漫无目的地修改教学大纲时，即使我们尝试很多活动来避免时间不足问题，这些努力最终都是毫无结果的。我们必须接受这个无法避免的事实，即：上帝创造了一个世界。这个世界有很多让人渴望获得的知识，但这些知识并非全凭一人之力就能全部掌握。想要通过罗列每个人应该掌握的学科来处理问题是行不通的。要学的学科太多了，每个学科都有其值得学习的充分理由。或许，对我们而言，这种学习资料的过剩是幸运的；就因为我们对一些重要的事实存在令人愉悦的无知，这个世界才变得如此有趣。我渴望你们铭记的是：虽然传授知识是智力教育的一个主要目的，但还有一个模糊却伟大，更为重要的目的——古人称其为“智慧”。没有一些知识基础，你不可能聪慧；可即便你轻而易举地获得了知识，你也未必保有智慧。

现如今，智慧是掌握知识的方法。它涉及知识处理，选择知识以确定相关的问题，以及运用知识使我们的直觉经验更有价值。知识的掌握，即智慧，是可以获得的最本质的自由。相对我们，古人能更清楚地认识智慧主导知识的必要性。但可悲的是，在实践教育领域追求智慧的过程中，他们都犯了错。为了把事情简单化处理，他们普遍认为智慧可以通过哲学家们对着学生滔滔不绝地讲话来传授。因此，在古代社会的学校里出现了一大批不靠谱的哲学家。而通往智慧的唯一路径是摆在知识面前的自由。自由和纪律是教育的两个基本要素，因此，我今天的演讲主题是“自由和纪律的节奏”。

教育中自由和纪律的对立，并没有我们在对这两个词语的含义进行逻辑分析时所想象的那么尖锐。学生的大脑是一个不断成长的有机体。一方面，它并非一个被人无情地塞满各种陌生想法的盒子；另一方面，知识的有序获取为智力的发展提供了天然的食物。因此，一种理想的教育的目的应该是，纪律是自发选择时的自愿结果，自由因为纪律的保障会获得丰富的机会。自由和纪律并不是对立的两个原则，但是在儿童的生活中，应该对这两个原则进行调整，从而适应他们个性发展的自然变化。这种对儿童自然发展所做出的自由和纪律的调整，就是我在别处所说的“教育的节奏”。我相信，过去之所以存在那么多令人沮丧的失败，是由于忽视了这一节奏的重要性。我的主要观点是，在教育的开始阶段和结束阶段，自由占主导地位，但中间会有一个纪律阶段，这时自由从属于纪律而处于次要地位。此外，唯一的“自由—纪律—自由”的三重循环是不存在的；然而，所有的智力发展都由许多这样的循环或者循环中的循环构成。如果把一个循环比作一个单独的细胞或一块砖，那么，儿童智力发展的整个阶段就是这些细胞构成的有机体。在分析任何一个这样的细胞时，我都会把自由的初始阶段称之为“浪漫阶段”，纪律的中间阶段称之为“精确阶段”，自由的最终阶段称之为“综合运用阶段”。

现在，请允许我从更详尽的角度来解释我的观点。没有兴趣就没有智力发展。兴趣是注意和理解的先决条件。你可以借助体罚来激发学生的学习兴趣，或者通过一些愉快的活动激发出兴趣。然而，没有了兴趣，就没有了进步。快乐能激起有机体自然地朝着合适自己发展的方向成长。婴儿受到了母亲和保姆的爱抚而被吸引着去适应环境；我们用餐是因为我们喜欢这顿美味的晚饭；我们征服自然的力量来自永不满足的好奇心，想要探索发现；我们喜欢锻炼；我们欣赏非基督徒痛恨危险的敌人时产生的热情。毋庸置疑，痛苦是唤醒有机体开始行动的一个次要因素。但它只会出现在无法获得快乐的时候。快乐是激发生命力的一种正常而健康的方式。我不是在强调，我们可以安然地沉浸在当前快乐的巨大诱惑之中。我的意思是，我们应该去探寻一系列符合自然发展规律的活动来培养品格，这应该是让人快乐的。处于次要地位的纪律必须受到指引，以确保某些长远的利益；若要保持必要的兴趣，就必须有一个适当的不能过低的目标。以上是我想说的第一个基本观点。

我想说的第二个基本观点是：毫无意义的知识是无足轻重的，实际上是有害的。知识的重要性在于运用知识，在于我们主动地掌握知识——也就是说，在于智慧。在谈及知识的时候，我们习惯于把它与智慧割裂开来，似乎知识赋予了它的拥有者一种独特的高贵。我不会如此这般地崇敬这种知识。一切都取决于谁拥有知识以及他将如何运用知识。能增进品格的知识是那些能改造直接经验各个方面的知识。考虑到认知（知识学习）具有主观能动性，教育中过于强势的纪律是非常有害的。积极主动、勤于创新的思维习惯，只能在适当的自由环境下养成。不加区别的纪律会让我们的心智变得愚钝，导致目标难以达成。如果你有很多机会与那些刚从中学或大学校门走出的年轻人相处，你很快就会注意到他们心智的愚钝，因为他们所接受的教育其实就是获取一些惰性知识。英国社会中凄惨的学习环境也是教育失败的一大诱因。此外，这种操之过急地传授纯粹的知识的做法更容易让教育一败涂地。因为人的心智从不接受以此方式灌输的知识。年轻人一向渴望开拓奋进，渴望积极主动，厌恶枯燥乏味的受到纪律约束的知识。当谈到纪律的时候，它就应该满足一种对智慧的自然的渴望，因为这种智慧给我们仅有的经验增添了价值。

但现在，让我们进一步地考察一下人类心智的这些自然渴望的节奏。人的心智在面对新的环境时，最初的做法就是在一堆概念和经验中从事一些有点儿散漫的活动。这是一个发现的过程，一个习惯于奇思妙想的过程，一个提出问题和寻求答案的过程，一个设计全新体验的过程，一个注意到新的冒险会产生什么结果的过程。这个一般化过程既是自然的，也是能引起我们的兴趣的。我们常常注意到，八岁到十三岁之间的儿童专心于他所酝酿的东西。这个过程由好奇心主导，而那些摧毁好奇心的蠢人都要受到诅咒。现在毫无疑问的是，这个发展阶段需要得到帮助，甚至需要纪律的配合。心智活动的环境必须经过认真挑选。当然，我们必须选择一种适合孩子成长阶段和个体需要的环境。在某种意义上，这是一种无中生有的要求；但从更深层的意义来看，它回应了孩子们内心深处对生活的召唤。在教师的意识里，孩子是被送到望远镜那儿观测星辰的；在孩子的心目中，教师给了他通往璀璨星空的自由之路。如果我们对孩子们的常规行为不做任何改变，甚或对最愚笨的孩子也无动于衷，那么，他的天性就会驱使他拒绝接受外界陌生的知识。我们必须牢记，教育不是一个往汽车后备厢里塞满物品的过程。或许这个比喻不完全适用于此。当然，教育是一个完全有着自身独特之处的过程。与其最为接近的类似情况是有机体吸收营养物质的过程。而且我们所有人都知道，在适当环境下提供的美食对健康来说是多么必要。当你把你的靴子放进后备厢内的时候，它们会一直待在里面，直到你再次将它们取出；但是，如果你给一个孩子喂错了食物，那情况就完全不一样了。

这个最初的浪漫阶段需要另一种方式的指引。毕竟，孩子是悠久文明的继承者，让他在冰川时期内人类智慧的迷宫里徘徊是非常荒谬的。因此，适当地指出一些重要事实、简化的概念和常见的名称，的确可以增强学生学习的自然动力。在教育中，没有哪一阶段可以完全离开纪律或者自由。但浪漫阶段的重点必须放在自由一方，让孩子们自己观察，自己行动。我认为，在儿童心智发展的浪漫阶段还未结束的时候，就对其强加精确的纪律约束，势必会阻碍其对概念的吸收与同化。没有理解能与浪漫相分离，二者相互依存。我坚信，过去那么多的失败主要归结于我们缺少对浪漫应有的地位进行仔细而认真的研究。没有浪漫的冒险，你最多也不过是获得一些毫无创新的惰性知识，而最坏的结果却是你轻视了概念——对知识一无所获。

然而，当这个浪漫阶段受到了恰如其分的指引时，另一种渴望便会油然而生。因为缺少经验而产生的新鲜感已经逐渐消失；儿童对事实和理论的基本原理有了一般的认识；更重要的是，他们已经对包括思维与行动探索的直接经历有了更多的独立思考。他们还可以理解精确知识带来的启发。这种启发符合了常识的明显要求，涉及了一些他们熟悉的学习材料。现在是时候要向前推进，准确地了解各门学科，记住它们的显著特征了。这就是精确阶段，即传统教育体制中仅有的学习阶段，无论在中学还是大学。你不得不学习一些科目，而在教育的主题方面就没什么好说的了。一旦这个非常重要的发展阶段被过度地延长，就会导致大量的书呆子出现，其中仅有少数学生的自然兴趣能在毗湿奴[1]的车轮下残喘苟活。的确，我们总是企图教给学生更多的客观事实和精确理论，而这些事实和理论往往超出了他们在此阶段能够理解的范围。如果他们能够内化这些知识，那对其而言就是有用的。我们——我指的是中学校长和大学教授们——容易忘记我们只是成人教育中的一个次要部分；而学生们在愉快的时光里，在今后的生活中，将要独立学习。成长不可能表现为仓促草率，超出极为狭窄的特定界限。但是，一名医术不佳的从业医生很容易会破坏一个敏感的有机体。尽管之前已经告诫了他可能出现的所有情况，但也总会有类似事件屡屡发生。如，急于了解一些基本的细节情况和主要的准确概括，以及盲目地想要获得对技术的简单掌握。这是一个我们无法回避的既定事实，要想在现代社会中发挥作用，你必须获得明确的最佳练习。就好比，要写诗，你必须学习韵律；要造桥，你必须知道材料的强度。甚至希伯来的先知们都早已学会了书写，即使在他们那个时代，书写可能并非一件易事，需要付出不小的努力。未经教育的天才技艺——用《祈祷书》中的话说——是一件徒劳的、一厢情愿的事情。

在精确阶段，浪漫退到了幕后。其中，占据主导地位的是一些难以逃避的事实，即正确方法与错误方法并存，以及一些确切的有待探索的真理。然而，浪漫并非一潭死水，它是一种

① 毗湿奴又译遍毗搜纽。印度教保护之神毗湿奴，在吠陀时代原来是吠陀太阳神之一，在印度教时代升格为维持宇宙秩序的主神，成为印度三大神之一。

教学的艺术，浪漫是在指定任务中通过明确应用而培养出来的。为何要培养这种浪漫的情怀呢？原因之一，浪漫毕竟是和谐智慧的一个必要组成部分，而和谐的智慧正是我们需要达成的目标。但还有另一个理由，除非有机体可以通过浪漫使其一直保持全新的理解力，否则它将不能享用工作所带来的果实。真正关键的是，我们要在实践中发现自由与纪律的平衡点，这个平衡点可以加强我们对事物的理解。我不相信，除了我所一直坚持的节奏性变化的准则之外，存在任何抽象的准则可以适用于一切学科，适用于所有类型的学生或者每一个学生个体。而我提到的准则，就是：在发展的早期阶段，重点在于自由；在之后的中间阶段，重点在于对规定任务的明确掌握。我必须承认，如果浪漫阶段已经得到了适当的控制，那么，第二阶段的纪律就不会那么明显。孩子们知道如何开始学习，想要把任务做好，他们所做的每个细节都值得信赖。此外，我认为，对自己而言唯一一个重要的纪律就是自我约束，而它只有通过充分地享有自由才能获得。然而，教育中有太多需要思考的微妙问题，因此，我们有必要在生活中养成欣然接受既定任务的习惯。如果这些任务符合学生在其发展阶段的自然渴望，如果学生能在全速前进中保持实力，如果学生能够取得预期的明显的结果，如果在执行任务的过程中允许学生享有合理的自由，那情况就会令我们相当满意了。

为何一位善于教学的教师很难让他的学生永葆浪漫？原因

就在于，他花了很长一段时间来描述细节知识，而花了很短的时间去付诸实践。维吉尔诗歌的优美可以通过强调朗读时发出的清楚发音来表现；强调数学论证的优美，最为便捷的方法就是通过列举一般原理来阐明复杂的事实。在此阶段，教师责任重大。说实话，除了少数一些具备天赋的教师之外，我认为，大多数教师不可能会带领全班学生在不扼杀兴趣的情况下沿着精确之路越走越远。这是一个不幸的两难选择，首创精神和纪律都是必需的，但纪律很容易扼杀首创精神。

但是承认了这点，并不等同于要去原谅那种不讲理的无知，原谅我们不知道如何才能避免这个不幸的事实。这不是一个理论上的必然，它的出现源于我们在处理学生个案时找不到完美的方法。过去所使用的方法扼杀了学生的学习兴趣；我们正在讨论的是，如何才能将这种不幸降到最低。我只是想提醒大家，教育是一个复杂的问题，无法借助简单的公式加以解决。

然而，在这一点上，有一个实际问题被大部分人所忽略。浪漫兴趣的范围很大且不大明了，无法用任何明确的界限加以控制，只能依靠我们一针见血的洞察力来鉴别。但精确知识的范围，正如在任何普通教育体制中所要求的那样，可以并且应当被明确地界定。如果你把这个范围界定得过宽，就会扼杀学生的兴趣，毁掉你设定的目标；相反，若把范围界定得过窄，学生就很难有效地掌握知识。当然，在不同类型的课程里，我们需要经过充分的调查才能确定每门学科的精确知识。不过，这点似乎到现在都没有有效地实行过。例如，一群准备从事科学工作的男生——我十分感兴趣的一类学生——在学习古典课程的时候，应该明确知道哪些拉丁词汇呢？与此同时，他们还应该掌握哪些语法规则和语法结构呢？为什么不能一劳永逸地把这些内容确定下来，然后通过每一次练习加深记忆，从而理解它们在拉丁语、法语和英语中的衍生词？继而对出现在阅读文章中的其他结构和词汇，以最简单的方式提供充分的信息。某种决绝的确定性在教育中是必须的。我敢肯定，一位成功教师的秘诀就在于，他心中清楚地明白学生需要精确掌握的知识范围。然后，他会停止那些令学生烦恼的半吊子的尝试，如，让他们记住一些毫不相关的次要知识。成功的秘诀是速度，速度的秘诀是专注。但是，对精确知识而言，成功的口号就是速度，速度，还是速度。快速地获得知识，继而运用它们。如果你能合理地运用知识，你就可以将所学知识保存下来。

现在，让我们来谈谈节奏性循环周期的第三个阶段，即综合运用阶段。在这个阶段，出现了一种回归浪漫的倾向。此时的学生已经了解到一些确定的知识，具备了一定的学习资质，能清楚理解一般规律和法则的系统阐述和详细例证。如今他们想要做的是使用自己的新武器。学生是一个有效的个体，效果正是他想去展示的东西。即使他会再度陷入浪漫阶段里那不着边际的冒险当中，但却具备了一定的优势——此时的心智是一个遵守纪律的严密组织，而非一群乌合之众。从这层意义上讲，教育应该在研究中开始，在研究中结束，毕竟教育从整体上看，就是为了让学生做好一切准备以应对生活中的直接体验，用相关的思想和适当的行动来处理每时每刻都可能出现的情况。一种不以唤起首创精神为开始，不以激励首创精神为结束的教育必定是错误的。因为，教育的整体目标就是培养积极的智慧。

我在大学任教期间就被学生思想的麻痹所深深触动，这一问题源自他们对精确知识漫无目的的积累和毫无变通的运用。一位大学教授的主要目标是展示自己真实的个性——以无知者自居，运用自己一小部分的知识来思考和行动。从某种意义上讲，知识会随着智慧的增长而逐步缩减。因为，有很多细节知识被原理无情地吞没了。我们可以在生活中，尤其是在每一个兴趣爱好中，学会那些重要的细节知识；但是，养成习惯去积极运用已经很好理解了的原理，才能最终拥有智慧。精确阶段是通过学习一些准确的细节知识逐渐理解原理的阶段。综合运用阶段是摒弃细节知识而推崇积极运用原理的阶段，此时的细节知识退居到下意识的习惯当中。我们不需要明确地记住二加二等于四，即便我们曾经用心记过。值得我们信赖的是学习初等数学时所养成的习惯。综合运用阶段的本质，是从训练中相对被动的状态发展为自由运用知识的主动状态。当然，在此阶段，精确知识将会增长，而且比以前更为活跃，因为我们的心智已经体验到了确定性的力量，并对学到的一般原理和丰富例证做出了回应。但知识的增长变得越来越无意识，逐渐成为一种积极的思维探险中的偶发事件。

关于学生心智发展节奏的三个阶段的讨论就到这里吧。一般来说，教育的全部周期都由这三重节奏控制。十三四岁之前属于浪漫阶段；十四岁到十八岁之间，是精确阶段；十八岁到二十二岁，是综合运用阶段。但这仅仅是一些普遍特征，只是从整体上描述心智发展的模式。我不认为，有学生可以在学习所有学科的同时完成这三个阶段的发展目标。例如，当语言以学习词汇和语法的方式开始它的精确阶段时，科学学习应该完全处于浪漫阶段。语言的浪漫阶段开始于婴幼儿时期，通过学习说话，较早地进入了精确阶段；而科学的学习则是一个后来者，相对滞后。因此，在孩子很小的时候就教给他们精确的科学知识，肯定会扼杀他们的首创精神和学习兴趣，毁掉任何能够丰富孩子理解科学主题的机会。所以，在语言的精确学习开始之后，科学的浪漫阶段应该再持续几年。

在每天、每周、每学期的发展过程中，都存在着若干个含有三重循环周期的小漩涡。首先，学生要对某个模糊的主题有一个大致的了解；其次，要掌握一些相关的细节知识；最后，再根据相关知识将整个学科融合在一起。除非学生可以持续不断地受到兴趣的召唤，获得某项技能，体验成功所带来的兴奋感，否则他们就无法取得进步，也会就此丧失信心。总的来说，在过去的三十年里，英国的中学已经为大学输送了一大批失去自信的年轻人，他们就仿佛被接种了能抵抗智力热情的疫苗一样，反对任何智慧火花的迸发。学生进入大学之后，效果更是翻倍，从而激化了这种教育的失败。于是，能被年轻人们欢呼雀跃的乐事就转移到了其他方面，因此，受过良好教育的英国就不太容易接受新的思想观念了。何时我们才能指出我们民族的伟大成就呢——让我们期待它不会是一场战争——不是在操场上赢得的胜利，而是在我们学校的课堂上取得的成功。也许那时，我们就可以对自己的教育模式感到满意了。

至此，我一直都在讨论有关智力教育的问题，而我的论点也被束缚在过于狭隘的基础之上。毕竟，我们的学生是鲜活的个体，不能像玩拼图游戏一样，把它们拆成一块一块。在机械生产过程中，建筑的能量来自外部，是它把彼此分离的部分拼接在一起。对一个活生生的有机体来说，情况就大不相同了，它是借助自我发展的冲动成长的。这种冲动可能会受到外部有机体的刺激和引导，也可能会被这股外界力量所扼杀。除了外界力量可以激发和引导冲动之外，我们还会由内而外地发展一种创造性冲动，这也是个体的明显特征。教育能够引导个体去理解生活的艺术；我所说的生活的艺术，是指不同人类活动的最完美的实现，它表现了充满活力的个体在真实环境面前所拥有的各种潜能。这种完美的实现包括一种对艺术的领悟，能将较低的不可分割的个性潜能从属于较高的不可分割的个性潜能。科学、艺术、宗教和道德，统统产生于人类组织结构中的价值观。每一个个体都会展示出一种生存的冒险。生活的艺术指引了这次冒险。伟大的宗教文明在其原始构成中包含这样的主张，即：反对把道德作为一系列孤立的戒律进行教导。道德，从这个词语最微乎其微的消极意义上看，是宗教的死敌。传教士保罗①谴责《律法书》，《福音书》则激烈反对法利赛人②。每一次的宗教冲突，都体现出类似的激烈对抗——这种对抗会随着宗教的衰落而减弱。就关注心智发展的节奏性规律而言，教育中没有哪一部分可以媲美道德教育和宗教教育，因为它们受益最多。无论阐明宗教真义的正确方式是什么，坚持一种不成熟的精确阶段对宗教而言是非常致命的。宗教的重要性体现在，宗教精神是在宗教教育的严酷考验中生存下来的。

我们正在分析生活较高阶段里节奏性发展的一般原理，包括：最初的觉醒、训练和更高一层的收获。现在，我要强调的是，发展的规律源自个体内部：发现由我们自己完成，纪律是自我约束，成就是自身首创精神带来的结果。教师有双重作用。一方面，通过自身个性所产生的共鸣来激发学生的学习热情；另一方面，创造一个包含更广泛的知识、更坚定的目标的

① 保罗（Paul，10? —67?），犹太人，基督教历史上很有影响的人物。

② 法利赛是耶稣时代犹太人的一个重要宗教派别。在《福音书》的记载中，法利赛人多次与主耶稣发生尖锐冲突，主耶稣也常常严厉地批评他们。因此，有些人对法利赛人有很负面的印象。其实，法利赛人生活敬虔，尊崇律法，有深厚的宗教热忱，在犹太人中有很高的地位和声望。

学习环境。他意在杜绝浪费，而浪费在人类生存的较低阶段是自然的进化方式。如同在科学、道德和宗教领域一样，教育的最大动力是对价值的认同，是对重要性的领悟。为了让个性与超越自我的东西融合，我们需要不同形式的质疑、好奇、尊重或崇拜，以及跌宕起伏的欲望。这种对价值的认同赋予了生活难以置信的力量。离开它，生活会回到较低层次的被动状态之中。这种力量最为透彻地体现在对美的领悟，对实现了的完美状态的审美认知。这种想法让我不禁想问：在现代教育体制中，我们是否足够重视艺术的作用？

过去公立学校所提供的典型教育，是为一些来自富裕、有教养的家庭的男孩子们设计的。他们在意大利、希腊和法国游学，而自己的家也常被布置得很漂亮。然而，对现代国民教育体制中的中小学而言，甚至是对扩大了的公立学校中大多数的男孩和女孩而言，这些条件却无一具备。如果你忽视了精神生活中的这种伟大的艺术要素，你不可能毫发无伤。我们的审美情趣为我们提供了对价值的生动理解。如果你破坏了这些理解，你就会削弱整个精神理解体系的作用。教育中对自由的诉求必然会带来一种结果，那就是：我们必须关注健全的个性发展。你一定不要任意地拒绝它的迫切要求。在经济不太景气的时候，我们总会听到许多关于教育努力毫无价值，是否可能减少努力的言论。致力于发展一种空洞的知识，必定会以失败告终。这正是我们公立学校所做的事情。我们所做的一切只够让学生感到兴奋，但却无法让他们感到满意。历史告诫我们，艺术的繁荣发展是国家在通往文明之路上的首要活动。然而，在普遍事实面前，我们却几乎向广大民众关上了艺术的大门。也难怪，这样一种唤起人类的种种渴望但又使其破灭的教育会导致失败和不满。整个过程的愚蠢之处就在于，我们本可以在不耗费过多资源的情况下，为国民提供一种简单通俗的艺术形式，但却没有做到。或许，你可以通过某些重大的改革来消除那种糟糕的血汗劳作和就业的不安全感。然而，你却永远无法大幅度地提高平均收入。在这一点上，所有希望对你而言都只是乌托邦式的空想。即便如此，我们还是要尽最大的努力，利用我们的学校培养出一大批热爱音乐、喜欢戏剧以及钟情于形状和色彩之美的年轻人。我们也能在民众的普通生活中提供可以满足这些情感的方式。如果你们想到最简单的方式，你就会明白：物资上的短缺是多么的微不足道；当你们做到了这些，当你们所在国家的民众可以广泛地欣赏艺术赐予他们的一切——欢乐与恐惧——难道你们不认为，你们的预言家、你们的牧师、你们的政治家们，当他们向民众宣扬对上帝的爱，讲述义不容辞的职责和召唤爱国主义的时候，将会处于一种更为强大的地位吗？

莎士比亚曾为这个美丽国度所培养出的英国人写了很多戏剧，其中描述了从中世纪到文艺复兴时期的壮丽生活，呈现出一个深切呼唤浪漫精神的漂洋过海的新世界。如今，我们在与集中在城镇生活、成长于科学时代的人们打交道。毫无疑问的是，除非我们用新的方法迎合这个新的时代，维持我国民众的精神生活水平，不然迟早那些破灭的希望会一触即发，最终重蹈俄国的覆辙。历史学家们也将为英国写下这样的墓志铭：英国的衰亡是由于统治阶级们被蒙蔽了精神世界的心灵之窗，由于他们呆滞的唯物主义倾向，以及他们如法利赛人一样沉迷于渺小的治国之术。

把技术教育和通识教育对立起来是错误的。失去自由的技术教育是不完整的，缺少技术的通识教育是不存在的。也就是说，任何教育都是既能传授技术，又能启迪智慧的。用更通俗易懂的话说，就是教育应该教出那些知之而善行的学生。这就提示我们，需要把理论与实践相结合，相辅相成。正所谓“纸上得来终觉浅”，单纯的理论教学没有多大意义。

第四章　技术教育及其与科学和文学的关系

这次演讲的主题是技术教育。我想要考察一下它的基本性质及其与通识教育之间的关系。这样的探究，也许可以帮助我们去认识，一个国家的技术培训体系若要成功运作需要具备哪些条件。这在数学教师当中也是一个热点问题，因为大部分的技术课程都包括数学。

我们还没有想好一个可行的典范就仓促地讨论这个主题，虽然这是不切实际的，但是，我们可以保守地把短期可能会取得的结果当作所期待的典范。

人们羞于谈论理想，于是，我们从一位现代剧作家的作品中找到了一个对人类理想状态的简洁陈述。它源自作品中一位疯狂的神父之口：

“在我的梦想里，有这样一个国家，在那儿，国家就是教会，教会就是国民：三位一体，一体三位。那里是一个联邦国，工作就是娱乐，娱乐就是生活：三位一体，一体三位。那里是一座神殿，教士就是礼拜者，礼拜者就是受敬拜的人：三位一体，一体三位。那是神，众神皆有人性，众生皆有神性：三位一体，一体三位。总而言之，这就是一个疯子的梦想。”

在这段陈述中，我注意到这样的一句，“那里是一个联邦国，工作就是娱乐，娱乐就是生活”。这就是技术教育的理想。这个工作即娱乐的理想，听起来非常神秘且难以置信，因为当我们面对现实的时候，眼前呈现的是成千上万个辛苦劳作、疲惫不堪、愤愤不平和精神冷漠的劳苦大众；再看看那些雇主们——我不是在做社会分析，但我希望你们能和我一起认识到：现在的社会现实与这个理想相距甚远。此外，我们都认同，如果一位雇主按照“工作应是娱乐”的原则来经营他的工厂，那么，这个工厂将在一周之内关门。

无论在神话故事里还是现实生活中，都有这样一个施加在人性之上的诅咒：要想生存下去，必须辛勤劳作。但在这个诅咒中，理性和道德的直觉认识到劳作才是进步的基础。正如早期本笃教派（Benedictine）的僧侣们，他们乐于劳作是因为相信由此能与基督同在。

摆脱了神学的种种诱惑，仍然存在这样的基本思想：工作应该充满智慧和道德的想象，并由此转化为一种快乐，使之克服辛苦劳作所带来的乏味和痛苦。我们每一个人都会按照自己的观点以更为具体的方式重述这一抽象表达。只要你的主要观点不会被细节冲淡，你就可以随心所欲地表述。但无论你如何表达，工作都一直是人类辛苦劳作的唯一的真正愿望；而且，它就掌握在技术教师的手中，掌握在那些控制他们活动范围的人的手中，以此来塑造国民，使他们延续昔日僧侣的精神从事日常劳作。

当前，国家最需要的就是大量有着熟练技术的工人，有着创造天赋的人才，和关注新思想发展的雇主。

首先，若想取得这些值得赞扬的结果，有且只有一种方法——那就是，培养热爱工作的工人、科技人员和雇主。鉴于对一般人的本性的了解，我们从实践的角度看待这个问题。试问：一个疲惫不堪、无奈厌倦的工人，即便他技术娴熟，可能生产出大量一流的产品吗？他会限定自己的生产效率，草率对待自己的工作，巧妙而老练地逃避监管；他不会急于适应新的方法；他会成为不满的焦点，脑袋里充斥着各种不切实际的革命想法，对现实工作的职业环境缺乏体谅和理解。在我们可能面对问题的时期，如果你希望增加某种野蛮动乱的机会，就引入广泛的技术教育并且忽视本笃教派的理想吧。那么，社会也将就此得到报应。

其次，具有创造天赋的人才需要愉悦的精神活动。这些精神活动是高强度劳动的条件。“需求是创造之母”，这是一句愚蠢的谚语。“需求只是无关紧要的伎俩”，这句才更贴近事实。现代创新发展的基础是科学，同时，科学也几乎成为愉快的智力探究的产物。

再次，就是有事业心的雇主。我们很快就会发现，真正重要的人才就是这些成功的老板们，他们的生意遍及世界，早已富甲一方。毫无疑问的是，商业领域总会存在一种持续不断的兴衰过程。但如果商业在总体上就处于衰退的状态，那么，寄希望于繁荣的贸易也只会是空欢喜一场。如果这些老板们把做生意当作一种无关紧要的谋生手段，为了获得一些与自己毫不相关的生存机会，那他们就不会心存动力而变得机智敏捷。他们已经做得很好了。他们现在的经营状态就是自己继续前行的动力。他们对新方法的成效不会怀有任何质疑。他们真正关心的是生活的另一方面。对金钱的渴望会让一个人变得自私吝啬，而非锐意进取。对人类而言，那些乐于工作的生产者们，要比那些以创办医院为目标并且一直做着讨人厌的工作的那群人，带来更多的希望。

最后，只要大部分雇主和普通人认为自己从事的是从公众那里榨取金钱的乏味工作，我们就很难看到工业的和平与安宁。我们只能在建立相互体谅的合作关系上，从广阔的视角来看待当前的工作以及由此所提供的公共服务。

从本次讨论中，我们可以得出如下的结论：对雇主和普通人来说，都必须用一种人文精神去认识技术教育或工学教育，并把它视为关乎原理运用和公共服务的真正的智慧启迪。这样的技术教育总是会满足国家民众的实际需要的。在这种技术教育里，几何学和诗歌，与旋转螺栓一样，都是必不可少的。

柏拉图这般的神秘人物似乎可以视为现代通识教育的代表，就如同圣本笃（St. Benedict）可以代表技术教育一样。我们不必担忧自己是否有资格来有条不紊地表述两位先贤的真正思想。我之所以在这里提到他们，只是因为二人可以作为两种对立观点的代表性人物。因此，我们在考察柏拉图的思想时，主要是研究了受他影响的现代文化类型。

通识教育在本质上是一种培养人类思维能力和审美能力的教育。教学内容是传授一些思想深刻的名著，充满想象力的文学作品和艺术类的知识。通识教育关注的是指挥能力的培养。这是一种象征着安逸的贵族式教育。这种柏拉图式的理想已经为欧洲文明做出了不朽的贡献。它激发了人们对艺术的追求，培养了被视为科学之源的无私的探究精神。它使世人在物质力量的诱惑面前仍能保持精神的无比崇高。即使柏拉图没有像圣本笃那样为难自己，让自己成为奴隶们的工作伙伴；但是他也必须跻身成为人类思想的先驱。他所倡导的文化类型，尤其鼓舞了自由的贵族阶层。而欧洲就是从这些贵族阶级那里获得了当前所拥有的有序自由。几个世纪以来，从教皇尼古拉五世[①]到耶稣会学校，从耶稣会教士到现代英国公学的校长，这种教

① 尼古拉五世，俗名托马索·巴伦图切利（Tomaso Parentucelli，1397—1455）。文艺复兴时期第一位教皇。他即位时心里就有三个愿望：成为一个好教皇；重建罗马；恢复古典文学、艺术和知识。

育理想得到了众多神职人员的热烈支持。

对特定人群来说，这的确是一种很棒的教育。它符合这些人的思考方式及其所处的生活环境。然而，关于这种教育的说法远不止这些。这种教育的近似型还被用来判断其他教育是否有欠缺。

这类教育的本质是大量地了解最优秀的文学作品。它所培养的理想型人才能够熟悉已有的最佳著作，掌握几门主要的语言，研究过各民族的兴衰历史，思考过人类情感的诗歌表达，阅读过伟大的戏剧和小说。同时，他还对几个主要的哲学流派有很好的了解，专心阅读过那些具有鲜明风格的哲学作家所撰写的论著。

显然，如果想要大致完成此项计划，他就得一生为之奋斗，直至生命结束，并且没有更多的时间做其他的事情。我想提醒大家的是，在卢奇安的剧本中有这样一个计算：当一个人能被证实可以实践当前任意的道德制度之前，他必须花上一百五十年的时间来检验这种制度的可信度。

这样的理想不适合我们人类。何谓通识文化修养？它绝不是野心勃勃地想要完全熟悉从亚洲到欧洲，再从欧洲至美国的文化人所写的各种文学作品。我们只需要挑选其中的一小部分来学习。但是，正如我们被要求的那样，必须挑选其中最优秀的作品。我曾对选择约瑟芬而遗漏孔子的做法表示怀疑，即便我从未读过他们撰写的原著。充满雄心壮志的通识教育方案实际上缩减为学习用几种重要语言所写的若干文学作品。

不过，对人类精神的表达并非局限在文学当中。还有其他的艺术形式，以及科学知识。同时，教育应该超越对其他思想的被动接受，必须强化首创精神的影响力。不幸的是，首创精神并不意味着一种能力的获得——思维有创新，行动有创新，艺术还有想象力的创新；需要对这三个领域进一步地加以划分。

学习领域如此宽广，而个人只是这广阔天地中稍纵即逝的零星片段：古典学者、科学家、校长，这些人同样都是无知的人。

有一种奇怪的错误观念叫作无才便是德。当然，这个观点带给我们的唯一好处就是，知道得越少，越能保持一种下意识的无知。没读过莎士比亚、牛顿和达尔文，去学习柏拉图的论著也同样是收获甚微的。通识教育在近些年来取得了不错的成绩，就是得益于人们发现了自身对无知的诉求。

我认为，没有一门学科能够声称自己已经达到了完美无缺的境地。即使我们删除一些次要的因素，情况也依然如此。柏拉图所倡导的文化类型坚持公平公正的智力欣赏，这在心理学上是一个错误。我们的行为和我们在不同事件转换中的意义，处在一种不可避免的因果关系当中，这是一个根本性问题。如果教育想方设法地使智力或审美与这些基本事实相脱节，必然会导致文化的衰落。文化在本质上应该服务于行动，它的作用能让工人从漫无目的的辛苦劳作中摆脱出来。艺术的存在让我们知道，解放我们的感官是多么美好的一件事啊！它丰富了我们的感觉世界。

如果一个人对科学有着毫无偏见的好奇心，他就会拥有激情去从有序的理智的视角来探究事件之间的关联。但是，这种好奇心的目的是让行动与思想“联姻”，密切结合起来。甚至在抽象的科学领域，我们也会经常忽略行动的关键性干预。没有一个科学工作者仅仅想要了解世界。他还需要摄取知识来满足自己发现世界的强烈愿望。艺术与科学能带给人类辛苦劳作的喜悦之情来自成功所带来的快乐之感。此外，科学家和艺术家们也同样享受着这种快乐。

把技术教育和通识教育对立起来是错误的。失去自由的技术教育是不完整的，缺少技术的通识教育是不存在的。也就是说，任何教育都是既能传授技术，又能启迪智慧的。用更通俗易懂的话说，就是教育应该教出那些知之而善行的学生。这就提示我们，需要把理论与实践相结合，相辅相成。正所谓“纸上得来终觉浅”，单纯的理论教学没有多大意义。特别是对孩子而言，创造性冲动的刺激需要迅速转化为实践。学习几何学与力学，继而参加工厂作坊里的实践活动，就可以实现教学的目标，不然，数学就是一堆冗词赘语。

我们的国民教育体系需要三种主要的教学形式，即：文学课程、科学课程和技术课程。但是，这些课程中的任何一门都应该包括其他两门。我是说，任何一种教育形式都应该给学生传授技术、科学、通用知识以及审美能力，而且学生所接受的任意一种训练都必须和其他两种交相呼应。由于时间有限，即便是最受教师喜爱的学生，都不可能在每门课程中得以全面发展。因此，我们必须有所侧重。当训练成为学习某种艺术或工艺所需要的必然手段时，最直接的艺术训练就会自然而然地归于技术课程的范畴。然而，文学教育和科学教育同样极为重要。

文学课程的教学方法是语言的学习，即：学习用我们最习惯的方法把自己的思想状态传达给他人。我们要从这门课程中获得的技术是语言的表达，而科学可以用于研究语言结构，以及分析传达语言与思想状态之间的联系。此外，语言和情感之间的微妙关系，以及书面语言和口头语言所使用的感觉器官的高度发展，都会产生因使用语言而唤起的强烈美感。最后，世界的智慧就被保存在这些文学名著里了。

这种课程具有同质性的优点。它所包含的各个部分都相互协调，互为补充。我们几乎不会感到任何的惊讶：如此一门课程，一旦被广泛地建立起来，定会声称自己具备完美而独一无二的教育地位。它的缺点就是过分强调语言的重要性。的确，太过突出语言表达的重要性，就会难以给出清醒的评价。近几代人亲眼看见了文学和文学表达形式的倒退，它们在智力生活中早已不再占据独一无二的重要地位。要想真正地认识自然，服务自然，我们需要远比文学才能更多的东西。

科学教育主要是在观察自然现象的艺术中进行训练，认识和推理这种现象可能产生的结果的相关规律。然而，此处就好比通识教育的情况一样，我们受到了时间短缺的限制。自然现象种类繁多，对每种类型来说，都有一门科学与其独特的观察方式相呼应，都具备推演法则中使用的独特的思维方式。在教育里，我们不可能从整体上学习科学，所能做到的仅是学习两三门相关的科学。因此，对狭隘的专业化教育进行指责，就是对任何以科学为主的教育形式的强烈反抗。显然，这种指控是有事实依据的，值得我们思考一下：如何才能在科学教育的范畴内趋利避害。

这样的讨论需要考虑技术教育的若干问题。技术教育主要是训练如何运用所学知识进行物质生产。这种训练强调手工技艺、手脑间的协调动作，以及控制生产过程的判断力。但是，判断力需要了解如何在自然生产过程中运用知识。因此，在技术训练的某些领域，需要针对学生开展有关科学知识的教育。如果你轻视科学一方，你就会把它限定为科学工作者的分内之事；如果你重视它，你就会或多或少地将其传授给更多的人——更重要的是——传授给企业中的领导阶层。

在心智方面，不需要特别把技术教育和科学结合起来。它也许是为艺术家或艺术工匠们实施的教育。在此情况下，就需要培养与其相关的艺术鉴赏力。柏拉图文化中的一个坏处，就是它完全忽略了技术教育是理想的人得以完全发展的组成部分。

这一忽略源于两个灾难性的对立，即：心智与身体的对立；思维与行动的对立。在此，我要插上一句——完全是为了避免批评——我十分明白，希腊人是高度重视形体美和体育活动的。然而，他们受到奴隶制的影响而使自己的价值观发生了扭曲。

我一直恪守这样一则教育原理：在教学中，一旦你忘记你的学生拥有血肉之躯，你将对由此产生的后果深感悲痛。这正是后文艺复兴时期柏拉图式课程的误区。然而，任何东西都不能阻止人类认识自然。因此，在英国教育中，自然即便被驱逐出教室，它也会以所向披靡的体育运动的形式重返课堂。

虽然身体的每种感官里都分布着智力活动和肢体活动，但两者间的联系主要集中在眼睛、耳朵和手口。感官和思维相互协调，大脑活动和身体的创造性活动相互影响。手部在这种反应过程中尤为重要。到底是人手创造了人脑，还是人脑创造了人手，还没有定论。但手脑之间的这种联系的确是紧密的、相互的。这种根深蒂固的联系，并没有因为千百年来众多家庭对手工艺的废弃而弱化。

对手工艺的废弃是贵族阶层头脑庸腐的一个主要原因，只有通过运动才会得到缓解，因为运动中的大脑活动会降低至最少，手工艺活动也不那么精细。对于专业人员的思维能力来说，经常的书写与口头表达只是一些轻微的刺激。那些排斥其他活动的伟大读者们，不以头脑敏捷而著称。他们往往是一些胆小而守旧的思想者。毫无疑问的是，部分原因在于他们内在过多的知识压制了自身的思维能力；也有一部分原因是缺乏来自创造性的手口活动的大脑刺激。

在评价技术教育重要性的时候，我们必须超越学习仅仅与书本学习有关系的认识。通过感知外部事物而获得的直接知识是智慧生活的首要基础。在很大程度上，书本知识的学习所传达的是二手信息，就其本身而言，永远无法具备直接性实践的重要性。我们的目的是将生活中的直接事件视为一般概念的实例。学术界往往为我们提供的是一些零散的二手信息，这些信息表明了源于另一些二手信息的观点。就是这些二手信息，使得学术界变得如此平庸无奇。因为它从未接受事实的严格检验，才会这么枯燥乏味。弗朗西斯·培根①最重要的影响不在于他碰巧提出了一种独特的归纳推理的理论，而在于他领导了对二手信息的反叛。

科学教育的独特优点应该是，它把思维建立在直接观察的基础上；而技术教育的相应特点是，它遵循了我们内心深处的自然本能，把思维转化为手工技艺，把手工技艺转化为思维。

---

① 弗朗西斯·培根（Francis Bacon，1561—1626），英国文艺复兴时期散文家、哲学家。是英国唯物主义哲学家、实验科学的创始人、近代归纳法的创始人，又是给科学研究程序进行逻辑组织化的先驱。主要著作有《新工具》《论科学的增进》《学术的伟大复兴》等。

科学唤醒的思维是逻辑思维。如今，逻辑分为两种：发现的逻辑，被发现的逻辑。

发现的逻辑在于，权衡各种可能性，去除不相关的细节，根据所发生的事实推测一般规律，以及通过设计合适的实验检验假设，这就是归纳的逻辑。

被发现的逻辑是对一定条件下的特殊事件进行推理演绎，这些事件经常遵循某些假定的自然规律发生。因此，当这些自然规律被发现或假定时，其应用就完全由演绎逻辑决定。失去了演绎逻辑，科学就会变得一无是处，它只会沦为一种从特殊上升为一般的无聊游戏，除非之后我们能颠倒顺序，从一般下降为特殊。而这种上升和下降就像雅各的梯子上的天使，当牛顿发现了万有引力的时候，他立即开始计算地球对其地表上苹果的引力，即地球对月球的引力。我们可以顺便提出，没有演绎逻辑，就不可能存在归纳逻辑。因此，牛顿对万有引力的计算是他对这个伟大定律进行归纳证明的关键性一步。

现在的数学不过是演绎推理艺术中比较复杂的部分，尤其是在涉及数字、质量和空间的领域。

在科学教学中，应该教授思维的艺术，即：形成可运用于直接经验的清晰概念的艺术，推测所适用的普遍真理的艺术，检验各种推测的艺术，以及通过推理某种具有特殊重要性的个别情况以运用普遍真理的艺术。此外，科学表述的能力也同样需要，它帮助我们从一堆模糊的概念中清楚地表达相关的问题，并对某些要点给予应有的重视。

当我们全面地教授了某门科学或一小类科学，并对思维的一般艺术给予应有的关注时，我们就在纠正教学专业化的道路上走得很远了。正如必然会出现的情况一样，以一两门个别科学为基础的科学教育，其最大的弊端就在于教师受到考试制度的影响，往往只向学生灌输这些特殊学科的狭隘知识。重要的是，我们要不断强调这种方法的普遍性，并与个别应用的特殊性进行比较。一个人如果只了解自身所学的那门科学，并把它作为一种常规的科学特例，那他实则不是很懂。他缺乏丰富的思维，无法快速地抓住不同观点间的联系。他将一无所获，在实际运用中也是愚昧无知的。

我们很难在特殊性中展示普遍性，尤其是对更小的学生来说。教育的艺术从来都不是一件简单的事。若要克服教育的困难，特别是初等教育的困难，值得运用我们最强的天赋来完成任务，这就是对人类灵魂的训练。

数学，若是教授得当，应该是逐步传授这一普遍性概念的最有力的工具。数学的关键在于不断舍弃更为特殊的概念来追寻更为普遍的概念，抛弃更加特殊的方法以寻求更加普遍的方法。

我们以方程式的形式表达一个特殊问题的条件，但那个方程式同样可以解决数以百计的其他问题，而这些问题分散在不同的科学之中。普遍性推理总是强有力的，因为演绎推理的说服力是抽象形式的特征。

在此，我们必须再次小心谨慎。如果我们只是为了强化普遍性真理而应用数学知识的话，我们就会毁掉数学教育。一般性概念是联系特殊性结果的途径。毕竟，这是重要的具体的特殊情况。因此，在解决数学问题时，你所得到的结果不能太过具体，你要使用的方法不能太过一般。推理过程的精髓在于使特殊的东西一般化，使一般的东西特殊化。推理离不开普遍性；离开了具体化的推理也毫无意义可言。

具体化是技术教育的优势。我常常会提醒你们，缺乏高度普遍性的原理不一定是具体的事实。例如，x+y=y+x 是比 2+2=4 更具普遍性的代数原理。但是，“2+2=4”本身就是一个缺少任何具体化成分的高度普遍的命题。要想获得一个具体的命题，我们必须对某些特殊的对象拥有直接的认识。例如，如果你对苹果有着直接认识或直觉时，“这两只苹果加上那两只苹果，一共是四只苹果”就是一个具体的命题。

为了充分地认识原理，并将其加以运用而非将其当作空洞的公式，除了技术教育之外，我们别无选择。仅是消极被动的观察是不足够的，唯独在创造中才能对近期生产的物品特征产生生动的洞察。有这样一个可靠的原则：如果你想了解什么东西，就动手去做吧。通过直接转化为行动，你的才能将充满活力，你的思维将富有生机。当你意识到运用中遇到的各种限制时，你的思维就获得了一种现实感。

在初等教育中，这条原则早已被投入实践，即：通过裁剪和分类等简单的手工操作来教小孩子熟悉形状和色彩。然而，这一做法虽然不错，但也并非我的本意。那是在你思考之前的实际经历，是为了创造概念而先于思维的体验，是一种极好的训练。但技术教育应该远不止这些：它是一种伴随思考发生的创造性体验。这种体验将实现你的想法，教你如何协调行动与思维，指导你把思维和预见性、预见性与成就结合起来。技术教育教给我们理论以及可以判断理论失败在哪里的敏锐的洞察力。

我们不会把技术教育视为完美的柏拉图文化的一种残缺的替代品，即：把它视为一种因生活条件所限而不得不进行的有缺陷的训练。没有人可以无所不得，我们所能得到的只是一些片段的知识和能力训练。不过，有三条主要的道路可以指引我们满怀希望地朝着智力和个性的最佳平衡点前进。它们分别是：文学教育、科学教育和技术教育之路。它们当中的任何一方都不能孤立存在，否则将会让智力活动和个性损失惨重。但仅将三种课程机械地混合在一起，同样会造成不好的结果：产生一堆支离破碎的知识，永不相关，得不到运用。我们早就注意到，传统文学的优势在于它的所有部分都是相互协调的。教育的关键性问题是保持侧重点，不管这个重点放在文学、科学还是技术教育上，都要在不失去相互协调的情况下，在每种教育中融入其他两种教育的相关内容。

明确技术教育问题需要关注两个年纪：一个是13岁，这时初等教育刚刚结束；一个是17岁，这时作为压缩在学校课程中的技术教育结束了。一方面，我注意到，在中等技术学校中以培养技术工人为目标开设的三年课程更加普遍。另一方面，要想培养海军军官和普通的指挥阶层，需要更长的时间。我们要考虑一些管理课程的原则，这类课程能让17岁的孩子拥有对社会有用的技能。

学生应该从13岁起接受手工技术训练，这项训练要与其他工作保持一个适当的比例，并在每年都有所增加，最终达到一个较大的比例。最重要的是，它不应该过于专业化。手工作坊的加工技术和窍门，如果适用于一种特殊的工作，就应在商业化的作坊里教授，而不应构成学校课程中的主要部分。一个训练有素的工人一学就会。在所有教育中，失败的主要原因就是甘于平庸。

如果我们把技术教育看作一个用来吸引小孩子并教给他们一门高度专业化的手工技能的制度，那它终究会走向失败。一个民族国家需要劳动力的流动，这不只是从一个地方到另一个地方，而是在一个合理的能力范围内，从一项特殊工作转为另一项特殊工作。我深知，自己此时身处一种难以言说的微妙境地，我也并非主张人们在专门从事一项工作时，经常性地从事其他的工作。这是一个与教育工作者无关的商业组织问题。我只是在坚持这样的一些原则：训练应该比最终的专业化更为广泛，形成对不同要求的适应能力，对劳动者有利，对雇主有利，对国家也有利。

在思考课程的智力方面时，我们必须遵守各科学习的协调性原则。一般来说，与手工训练有着最直接关系的智力学习将成为科学的若干分支。事实上，不止涉及一门分支学科；即使不是这样，也不可能把科学学习局限在一个单一的狭隘的思路里。然而，倘若我们没有强制性地对技术教育进行细致分类，就可以根据它所涉及的主要科学进行划分。于是，我们找到了六个门类，即：（1）几何技术；（2）机械技术；（3）物理技术；（4）化学技术；（5）生物技术；（6）商业与社会服务技术。

通过以上分类，我们可以看到它的意图：除了某些从属的学科之外，在大多数的职业训练中需要侧重于某些特殊的科学课程。例如，我们可以在几何技术中融入木工工艺、五金工艺和许多艺术性手工工艺。同样，农业也是一种生物技术。尽管我还不太确定，但如果烹饪包括食品的供给，那它也许介于生物、物理和化学这三门科学之间。

与商业和社会服务相关的诸多科学，一部分是代数，其中包括算术和统计学，另一部分是地理和历史。然而，这部分学科在与科学的亲密关系上有点不同。无论如何，我们都要以科学为依据，细致地对技术学习进行准确的分类。其中的关键就是，通过一定的思考，我们很可能会发现能够适应多数职业的科学课程。此外，这个问题也能得到很好地理解，并在全国范围内的许多技术学校和初级技术学校得到不错的解决。

在从科学转入文学，考察技术教育中的智力因素时，我们注意到：许多学习介于两门学科之间，如历史和地理。假如它们是适合学习的历史和地理知识，那么，二者在教育中就会十分必要。同样，描述普遍性知识的书籍和在不同科学中的思维训练都同属一个范畴。这类书籍一部分是在叙述历史，一部分是在阐明最终形成的主要观点。它们在教育中的价值取决于自身对智力发展起到了怎样的激励作用。我们一定不要用科学的奇迹来夸大它们的作用，它们必须以广阔的视野被世人知晓。

不幸的是，除了语法学习之外，我们很少会考虑教育中的文学要素。造成这一现象的历史原因是，在现代柏拉图课程形成之时，拉丁语和希腊语是唯一一把可以开启伟大的文学之门的钥匙。但在文学和语法之间却没有必然的联系。早在亚历山大时期的语法学专家出现之前，希腊文学的伟大时代就成为了历史。在现存的各类人群中，研究古典文学的学者与伯克利时代的希腊人相差甚远。

单纯的文学知识意义不大。唯一重要的是，该如何了解这些知识。相关的事实不算什么。文学之所以存在，只是为了表达和发展我们生活的那个极富想象力的世界，即我们内在的王国。于是，技术教育的文学方面应该努力让学生喜欢上文学。他们学到些什么并不重要，重要的是这些文学知识能够为他们带来怎样的乐趣。在英国的一些知名大学里，孩子们受到了学校的直接管理，需要参加莎士比亚戏剧的考试，这就使得他们从文学欣赏中获得的乐趣受到了一定的损害。为此，这些大学应该为谋杀了学生的灵魂而受到起诉。

有两种智力方面的乐趣：创造的乐趣和休息的乐趣。它们不一定是彼此分离的两个概念。职业的改变，也许可以使两种乐趣同时出现，从而带来快乐的最大化。文学欣赏的确是一种创造。写下的文字及其配乐和联想都只是一种刺激而已。它们所唤起的想象力是我们自己所做之事。除了我们自己，没有任何人，任何天才可以让我们的生活变得丰富多彩，富有生机。但除了那些从事文学工作的人以外，文学对其他人来说还是一种休息。无论你从事何种职业，文学都能使你在工作中所受到的压制得到放松。而艺术和文学一样，在生活里也有着同样的作用。

我们无须任何帮助就能获得休息的乐趣。这种乐趣只需要我们停下工作。这种单纯的休息是快乐的必要条件。而它所产生的危险也是人尽皆知的，在需要休息的大部分时间里，自然赋予我们的不是乐趣，而是无意识的睡眠。成功的努力会带来创造的乐趣，它需要帮助才能获得。这种乐趣对快节奏的工作和原创性的成就来说都必不可少。

让未恢复活力的劳工来加快生产是一项危险的经济政策。暂时的成功将以牺牲整个国家为代价，因为国家将不得不资助那些疲惫不堪的手工艺失业者以维持他们未来的生活。同样，用突发性的努力来替代单纯的休息也极具危害。如果放松期被残酷地削减，那么这段时期就会成为退化的潜伏期。正常的休息应该是改变活动，满足天性的需要。游戏就可以提供这样的活动。游戏的分离强调了休息，但过度的游戏会让我们感到空虚。

正因如此，文学和艺术应该在健康而有序的国家中起到重要的作用。它们对经济生产的帮助仅次于睡觉和吃饭。我现在谈论的不是培养一位艺术家的问题，而是如何把艺术作为健康生活的条件加以使用。它就好比物质世界里的一缕阳光，伴着我们成长。

一旦我们摒弃了“知识是要被强求的”观念，那我们在协助提升艺术享受方面，就不会存在什么特别的困难或不必要的花费了。可以每隔一段时间就送所有的学童去附近的剧场看戏，在那里政府能为适合孩子的戏剧提供补贴。音乐会和电影也同样如此。让我们更不确定的是，图画对孩子们到底具有多大的吸引力，但是，用有趣的图片来展示孩子读过的某些情景和观点，也许能吸引他们。应该鼓励学生在艺术方面付出努力。最重要的是培养他们的阅读艺术。爱迪生所写的柯弗利随笔，就是极具可读性的散文典范。

文学和艺术不仅间接地赋予生命以活力，还直接给我们带来了洞察力。世界之广阔，超越了我们自身有着微妙反应和情感冲击的肉体感官所能做到的种种可能。洞察力必须先于控制力和指导力产生。在由工场而非战场决定终极问题的民族竞争中，胜利将属于那些在利于成长的环境下工作并受过训练的精力充沛的能人。艺术就是其中不可或缺的一项基本条件。

有时间的话，我还想说说其他问题。如，呼吁在所有教育中都添加一门外语。根据我的切身观察，这对想成为技工的孩子来说很有可能。但关于我们在进行国民教育时应该遵循的原则，我已经讲得足够多了。

最后，我想重新回到本笃教派的思想，他们通过把知识、劳动力和道德精神相结合，为人类拯救了日渐消失的古代世界文明。我们的危险在于把现实世界看作充满罪恶的国度，在这里，只有排除了理想目标，才能获得成功。我认为这是一种直接被实践经验所否定的错误观点。在教育中，这类错误表现为对技术训练的轻视。身处黑暗世纪中的祖先们，在伟大的组织结构中体现出崇高的理想，从而拯救了自己。我们当前的任务，不是去卑躬屈膝地模仿，而是要大胆地运用我们的创造能力。

我的另一个自我问我：如果你想让孩子们学习逻辑学，你为何不教给他们呢？这难道还不是一个明显的步骤吗？我会用一位伟人的话来回答，他就是最近刚刚过世的奥多学校前校长桑德森，他的逝世对我们来说是莫大的损失。他说：学生是通过接触来学习的。这句话的意义在于对教育实践中的基础性问题的思考。教育必须开始于某一特定的事实，这一事实对个人的领悟力来说应该是具体而明确的，并且能够逐渐发展为一般性概念，而我们要避免的恶魔就是：灌输与个人经历无关的一般性陈述。

第五章 古典文化在教育中的地位

古典文化在这个国家中的未来，在很大程度上不是取决于它给一位专业精湛的学者带来的乐趣，也不是由为学者的业余爱好所提供的学术训练来决定。几世纪以来的实践证明，以古典文学和古典哲学为主要基础的教育，使教育者在接受人格锤炼的同时也收获了快乐。如今的古典文化学者不如他们的前辈一般热爱古典文化，但这不会对古典文学学习产生危险。这种危险产生的原因是：在过去，古典文学在整个高等教育中占据主导地位，没有其他学科能与其竞争；于是，所有学生在他们的学习生活中都沉浸在古典文化里，而古典文化的主导地位也只有在大学里会受到数学训练的挑战。这种状态产生了许多后果。如：对古典文化学者的大量需求只是为了满足教学的需要；在学术界的各个领域，都洋溢着一种古典主义的气息，继而在古典文化上的潜质就成了能力的代名词；最终，任何一个在古典文化上有点希望的孩子都会自觉或不自觉地培养这方面的兴趣。然而，这一切都会永远消失。汉普迪·邓普迪①只要待在墙头上，就还是一枚完好的鸡蛋；但如果摔下来，谁也不能让它恢复原状。现在，还有许多其他的学科，每门学科都会涉及一些兴趣广泛的主题，这些主题之间又存在复杂的关系。同时，每门学科还展示了在其发展过程中天才们所具有的丰富想象力和哲学洞察力。几乎生活的每一部分都有一个博学的专业，都需要一种或多种学科作为其专业技能的基础。生命是短暂的，而大脑适合学习的那段可塑期更短。因此，即使所有的孩子都适合学习古典文学艺术，也完全不可能维系这种教育制度，即：把古典文化学者所接受的完整训练作为学习其他智力学科的基本条件。

作为“研究古典文学在教育中的地位总理委员会”的一名成员，我很不幸地听到了许多徒劳无益的哀怨，这些哀怨来自那些目睹了现代家长们唯利是图的见证者们。我不认为，身处不同阶层的现代家长都比他们的前辈更唯利是图。当古典文学成为进步之路时，它就成了最受欢迎的学习科目。风水轮流

① 汉普迪·邓普迪，是旧时童谣中一个从墙上掉下来的摔得粉碎的蛋形矮胖子。喻指一经损坏无法修复的东西，或杜撰词义之人。

转，如今古典文学也处于危险之中。亚里士多德不是说过，“不错的收入是智慧生活称心如意的附属品”吗？我想知道，作为一名父亲的亚里士多德，对我们伟大的公立学校校长们有什么样的影响。从我对亚里士多德的细微了解，我猜想，若是有一场辩论，亚里士多德必胜无疑。我始终都在努力全面地领会古典文学在教育课程体系中的危险性。我的结论是，古典文学未来的命运将在今后几年里由这个国家的中等教育决定。在接下来的三十年里，不管他们愿意与否，伟大的公立学校都必须照着做。

情况取决于这样的事实：将来有90%的学生，当他们18岁离校时将不再阅读原版的古典书籍。而对于那些更早离校的学生来说，比例将从90%变为99%。我听过或读过许多美丽的篇章，它们足可以说明古典文学对那些坐在扶手椅上阅读柏拉图和维吉尔的学者们有多么重要。但这些人将永远不会在扶手椅或其他情况下阅读这些经典作品了。我们不得不去保护这些古典文化，因为这与90%的学生息息相关。如果把古典文化从这个时期的课程中清除出去，那么剩下的10%也将随之消失。也就没有学校会聘请教授古典文学的教师了，这真是一个迫在眉睫的问题。

然而，如果推断古典文学面临着来自学术界或关注教育与效率的关系的工业领袖们的不利观点，那就大错特错了。我参加过关于这个主题的公开或私下的讨论，其中最近的一次是在一所很棒的现代化大学里的领导委员会上进行的，这是一次简短而热烈的讨论。科学部的三位代表满怀激情地强调了古典文学作为科学家们学习的基础学科，在其价值基础上的重要性问题。我提及此事，是因为这在我的经历中非常典型。

我们必须记住，智力教育的全部问题受到了时间短缺的限制。如果玛士撒拉没有受过良好的教育，那一定会是他自己的过错或他的老师的过错。但是，我们的学科一同出现，才能使其比其他学科更快地丰富学生的智力品格，从而使其从根本上得到保护。

在古典文化的学习中，我们通过对语言的全面学习，来发展我们在逻辑、哲学、历史以及文学的审美情趣等领域的心智。语言的学习——拉丁语或希腊语——是促进这个终极目标的辅助性手段。一旦目标达成，就可以停止语言学习，除非有进一步学习的机会和权利。人的智力千差万别，对于某些极其聪明的人来说，语言分析并非达成文化目标的途径。对他们而言，一只蝴蝶或一台蒸汽机要比一个拉丁语句子更具广泛的意义。对于那些有着生动的领悟力和创新性思维的天才来说更是如此。对他们而言，这些指定的语言表达总是给他们传递错误的信息，并且使他们因为无关紧要的细节而产生困惑。

但总的来说，正常的途径是对语言的分析。对学生来说，它代表了最为普遍的方法；对教师来说，它是迄今为止最易执行的工作。

在这一点上，我必须扪心自问。我的另一个自我问我：如果你想让孩子们学习逻辑学，你为何不教给他们呢？这难道还不是一个明显的步骤吗？我会用一位伟人的话来回答，他就是最近刚刚过世的奥多学校前校长桑德森，他的逝世对我们来说是莫大的损失。他说：学生是通过接触来学习的。这句话的意义在于对教育实践中的基础性问题的思考。教育必须开始于某一特定的事实，这一事实对个人的领悟力来说应该是具体而明确的，并且能够逐渐发展为一般性概念，而我们要避免的恶魔就是：灌输与个人经历无关的一般性陈述。

现在，运用这个原则来确定一个最佳的方法，从而帮助孩子培养思维的哲学分析能力。我会用最普通的方式来论述我的观点：让一个孩子在思考和表述的过程中保持头脑清醒的最佳方法是什么？一本逻辑学书籍中的一般性表述和孩子们曾经听说的东西毫不相关。它们属于教育的成熟阶段——处于大学或接近大学水平的内容。你必须以分析熟悉的英文句子为起点，但这个语法的学习过程，一旦延长至初等教育阶段之后，便会极为枯燥。此外，它还有一个缺点，那就是：它的分析只停留在对英语的分析上，而没有阐明英语短语、词汇的复杂含义以及认知过程的习惯。接下来，你要教孩子一门外语。在这儿，你有了一个极大的优势：你从令人讨厌的为了练习而练习的形式中逃了出来。这时，分析是自主的。学生的注意力被牵引到用语言来表达自己的所思所想当中，或是去理解谈话者的意思，或是弄清楚作者所写的文字。每种语言都体现了一种明确的心智类型。两种语言必然会向学生展示两种类型间的某种差异。常识告诉我们：你要让孩子尽早开始学习。如果你很富裕，可以聘请一位讲法语的保育员兼家庭教师。如果你不那么富裕，就只能在他们12岁进入中学时开始学习法语。也许可以使用直接教学法，即让学生自始至终都沉浸在法语的课堂氛围中。教他们用法语思考，不受英语和法语在词汇和含义上的差异的干扰。这样，甚至一个水平一般的孩子也能学得不错，并很快获得处理和理解简单的法语语句的能力。正如我之前说过的，收获是巨大的；此外，他们还能获得今后人生中的一个有用工具，语感也会随之形成。它标志着学生能在潜意识中领悟到语言是一种有明确结构的工具。

恰恰是到了现在，拉丁语的启蒙才是对智力发展最好的激励。拉丁语的元素展示出语言作为一种结构特别清晰而具体的情况。假如你的智力已经发展到了那种概念水平，你就会直面这一事实。而在英语和法语学习中，你也许会与这种情况擦身而过。一句简单而优美的英文可以直译成一句松散的法语，反过来，一句优美的法语可能译成松散的英文。文学翻译中松散的法语与优美的法语之间的不同，理应写明，这种差异对智力发展的阶段来说常常是微妙的，不总是容易解释清楚的。这两种语言在表述上都有着相同的现代性。但是，对英语和拉丁语而言，结构上的差异是显而易见的，但这种差异还没大到形成无法克服的障碍。

根据学校教师们的说辞，拉丁语是一门相当流行的学科；我还记得，自己做学生时就很喜欢这门学科。我相信，拉丁语之所以受到欢迎，是因为在学习过程中有启蒙感相伴。你知道自己正在寻找一些东西。拉丁语的词汇，不知道为什么，会以不同于英语和法语的方式插入句子当中，并带有奇特古怪的不同内涵。当然，拉丁语在某种程度上是一种比英语更原始的语言。就像一个未经分析的单元一样，它是一种更近似于句子的语言形式。

这就引出了我的下一个观点。在拉丁语的众多馈赠中，我把哲学放在逻辑与历史之间。在这个关系中，它处于非常精准的位置。拉丁语唤起的哲学本能，在逻辑与历史之间游走并使两者丰富起来。把英语译成拉丁语、拉丁语译成英语的过程中，思维的分析使学生获得了逻辑哲学中必要的体验类型。如果你以后的工作是思辨型的，那就感谢上帝吧！因为在青春期的五年里，你每周会写一篇拉丁语散文，每天会翻译一些拉丁语作品。任何一门学科的入门阶段都是通过接触来学习的过程。对大多数人而言，语言是对思维活动最直接的刺激，通往理解力的启蒙之路是从简单的英语语法到法语，从法语到拉丁语的过程，其中还插入了几何与代数的内容。我无须提醒我的读者们，我会用柏拉图的权威看法来论证我所坚持的一般性概念。

现在，让我们从思维的哲学转入历史的哲学。我会再次提及桑德森的名言——学生通过接触学习。究竟一个孩子是如何通过接触来学习历史的？那些原始文献、宪法章程、法律法规和外交信函，对他来说就如天书一般，一窍不通。一场足球赛或许可以用来暗中映射马拉松战役。但也只是表明，无论是在哪个时代、哪种环境，人类生活都具有共同的特征。此外，我们灌输给孩子们的全部外交和政治材料，都是一种极为狭隘的历史观点。我们真正需要的是，拥有对观念、思想、审美以及种族冲动的不断变化的本能理解，这些冲动控制了我们动荡不安的历史。现在，罗马帝国就好像一个可以从过去穿越到现代生活的瓶口。就欧洲文化而言，打开历史之门的钥匙就是理解罗马精神和罗马成就。

拉丁语，以文学的形式展现了罗马帝国的观念，我们可以通过接触判断人类事务的变化趋势从而从中获取最简单的材料。单纯是语言之间的明显联系，如法语和英语与拉丁语的联系，本身就是一种历史的哲学。想一想英语和法语间的差异：英语完全打破了与英国文明历史的联系，承载着文明含义的地中海词汇和短语也慢慢地回到了英语中；而在明显的强烈冲击的影响下，法语还能连续地发展。对于这些问题，我不想做任何自命不凡的抽象演讲。事情本身就能说明问题。法语和拉丁语的基础知识，加上作为母语的英语，给予了我们必不可少的现实氛围来学习游牧民族创造欧洲的传说。民族的精神生活可以通过该民族形成的语言体现出来。每个短语和词汇都体现了一些人们在耕地、居家和建设城市时形成的习惯性看法。正因如此，在不同的语言之间，词汇和词组不存在真正的同义词。我所说的全部内容都只是对这个单一主题的铺陈渲染，试图强调它迫切的重要性罢了。英语、法语和拉丁语之间存在一种三角关系，其中的两个顶点——英语和法语，体现了两种主要的智力类型的不同表达。而这两个顶点与第三个顶点的关系体现了从过去的地中海文明发展而来的选择过程。这是语言文化的基础三角，包含了现在与过去的鲜明比较。它在时间与空间中漫游。这些就是我们辨明这一主张的基础，即：通过接触逻辑哲学和历史哲学学习拉丁语是最简单的学习方式。除了这些深刻的经验之外，你的思维分析和行动记录都只是装腔作势罢了。我并非主张，也丝毫不会相信，这种教育的途径对大部分学生来说是最简单、最容易的。我相信，还有很多人的侧重点不同。但我不认为，这是一条能让多数人获得最大成功的途径。它的优点在于经受了实践经验的考验。我认为，需要对现存的教育实践进行大幅度的调整以使其适应当前的需要。但总体上讲，这种文学教育的基础涉及对传统的最佳理解，包括能在实践中认识这一点的经验丰富的广大教师。

或许诸位早就注意到，我不曾提过罗马文学的辉煌历史。当然，教授拉丁语必须通过与学生共同阅读拉丁文学来进行。拉丁文学拥有许多精力充沛的作家，这些作家在不同的领域成功地展示了罗马人的精神生活，其中包括他们对希腊思想的赏析。罗马文学的特点之一就是，它相对缺少出色的天才型作家。罗马文学的作家很少涉猎其他种族的不同。除了卢克莱修[①]之外，你总会感受到他们笔下的种种局限。塔西坨[②]表达了罗马元老院顽固派的观点，而对罗马行省当局的成就视而不见，他看到的也只是希腊自由民众取代罗马贵族。罗马帝国以及创造它的罗马精神吸取了罗马人的智慧。当发生在这个世界的大事失去了自身的重要性时，罗马文学几乎无法找到通往天国的路。天堂的语言将会是汉语、希腊语、法语、德语、意大利语和英语，而受到祝福的圣人们也将兴高采烈地描述他们的永恒生活。他们将厌倦希伯来文化中与已经消失的恶魔斗争的道德热情，以及那些错把古罗马广场当作永恒上帝的脚蹬的作家。

我们教授拉丁文不是希望，那些读过的罗马原著成为学生们的终身伴侣。英国文学更伟大、更丰富、更深邃、更微妙。如果你有哲学品味，你会为了西塞罗[③]而放弃培根、霍布斯[④]、

---

① 卢克莱修全名是提图斯·卢克莱修·卡鲁斯（Titus Lucretius Carus，约前 99—约前 55），罗马共和国末期的诗人和哲学家，以哲理长诗《物性论》著称于世。

② 塔西佗全名是普布里乌斯·克奈里乌斯·塔西佗（Publius Cornelius Tacitus，约 55—120），是古代罗马最伟大的历史学家。代表作品有《演说家对话录》《阿格里可拉传》《日耳曼尼亚志》《历史》《编年史》。

③ 马库斯·图留斯·西塞罗（Marcus Tullius Cicero，前 106—前 43），古罗马著名政治家、演说家、雄辩家、法学家和哲学家。

④ 托马斯·霍布斯（Thomas Hobbes，1588—1679）英国政治家、哲学家。他创立了机械唯物主义的完整体系，指出宇宙是所有机械地运动着的广延物体的总和。

洛克[1]、贝克莱[2]、休谟[3]和穆勒[4]吗？不可能。除非你对近代史感兴趣而去关注马丁·塔珀[5]。或许你渴望了解人们对不同的生存状态的反思，以及不同性格对环境的反应。你会用莎士比亚和其他的英语小说家去交换泰伦提乌斯[6]、普劳图斯[7]和特里马乔[8]的宴会吗？还有我们的幽默作家，谢丽丹[9]和狄更斯[10]等。有谁在读拉丁文著作像在读他们的作品般开怀大笑？西塞罗是一位伟大的演说家，他曾登上了罗马帝国的辉煌舞台。英国也能向世人展示那些充满想象力地阐述政策的政治

---

① 约翰·洛克（John Locke，1632—1704），英国哲学家。在知识论上，洛克与乔治·贝克莱、大卫·休谟三人被列为英国经验主义的代表人物。

② 乔治·贝克莱（George Berkeley，1685—1753），18世纪最著名的哲学家、近代经验主义的重要代表之一，开创了主观唯心主义。

③ 大卫·休谟（David Hume，1711—1776），苏格兰哲学家、经济学家、历史学家，被视为是苏格兰启蒙运动以及西方哲学历史中最重要的人物之一。

④ 约翰·穆勒（John Stuart Mill，1806—1873），英国著名哲学家、心理学家和经济学家，19世纪影响力很大的古典自由主义思想家，支持边沁的功利主义。

⑤ 马丁·塔珀（Martin Tupper，1810—1889），英国作家。

⑥ 泰伦提乌斯（约前190—前159），古罗马喜剧作家。著有《安德罗斯女子》《自责者》《阉奴》《福尔弥昂》《两兄弟》《婆母》。

⑦ 普劳图斯（Plautus，前254—前184），是罗马第一个有完整作品传世的喜剧作家，也是罗马最重要的一位戏剧作家。

⑧ 特里马乔（Trimalchio），是古罗马作家佩特罗尼乌斯的小说《萨蒂利孔》中的人物，他通过自己的努力工作和不懈奋斗获得了财富和权力，是一个有钱而无风趣的暴发户，“特里马乔的宴会”是针对这批暴发户的一种讥笑。

⑨ 理查德·布林斯利·谢丽丹（Richard Brinsley Sheridan，1751—1861），英国杰出的社会风俗喜剧作家、重要的政治家和演说家。著有《对手》《圣·帕特里克日》《少女的监护人》《造谣学校》《斯卡巴勒之行》《批评家》《比扎罗》。

⑩ 查尔斯·约翰·赫法姆·狄更斯（Charles John Huffam Dickens，1812—1870），英国作家。主要作品有《大卫·科波菲尔》《匹克威克外传》《雾都孤儿》《老古玩店》《艰难时世》《我们共同的朋友》《双城记》等。

家。我不想再列举有关诗歌与历史的更为广泛的名录。我只是想证实以下的怀疑：拉丁文学出色、完美地表达了人类生活的全部内容。拉丁文学不能让人开怀大笑，也无法让人痛哭流涕。

你一定不要把拉丁文学从它所处在的历史环境中脱离出来。希腊和英国创作了很多文学作品，表达了人类的普遍情感，这在某种意义上并非文学。拉丁语有一个主题，那就是罗马——罗马，它是欧洲的母亲和伟大的巴比伦，《启示录》的作者描述了其娼妓般的命运：

她远远地站着，对她将要承受的折磨感到异常的恐惧，口中还念念有词，哎，哎，伟大的巴比伦城，强大的城啊！你即将在一小时内接受审判。世上的商人将为她哭泣，为她哀悼，因为没有人会再买他们的商品。

那些金银制品，稀有的宝石、珍珠，最好的亚麻布、紫袍、丝绸、大红布，各种香木、象牙器皿，用最珍贵的木料、黄铜、铁和大理石制成的各类器皿。

这是罗马文明呈现在早期基督教徒面前的方式。但是，基督教自身是古代文明世界的一部分，并由罗马被传递到欧洲。我们继承的是东地中海文明的两个方面。

拉丁文化的功能是把古罗马展现在世人面前。当你的想象力可以把罗马的文化背景增添到英国文学和法国文学的时候，你就打下了坚实的文化基础。理解罗马文化可以把我们带回到地中海文化，而罗马文化就是地中海文化的最后一个篇章。它会主动展示欧洲的地理以及海洋、河流、山川和平原的作用。在青年人的教育中，这类学习的特点是具体形象、行动激励和至高无上。他们的目标是伟大的，他们的品德是伟大的，而他们的恶行也是巨大的。他们手持缰绳，拯救罪恶。除非我们可以习惯性地审视这些伟大，不然道德教育就会荡然无存。如果我们不伟大，那么，我们所做之事以及问题所在都会变得举足轻重。现在，伟大之感是一种直觉，而不是争论的结果。伟大之感就是道德的基石。我们身处民主时代的开元之际，是要实现高水平的平等还是低水平的平等，还未定音。从来没有任何一段时期比现在更需要青年人理解罗马：罗马本身就是一部戏剧，它的问题比自身更重要。我们现在已经沉浸在对文学特征的审美主题上。就是在这里，古典教学的传统需要大力改革，从而适应新的形势。然而，优秀的古典文学学者却干扰了这次改革。旧传统坚定地把学习的最初阶段投入语言学习当中，然后再寄希望于现行的文学环境来保证文学给人们带来的乐趣。在十九世纪后半叶，其他学科侵占了可用时间。过于频繁的占用导致时间被浪费在失败的语言学习中。我经常会想，大量来自英国的优质学校的学生为什么会表现出可悲的智力热情的缺失，根源在于他们心存失败感。为了清楚地实现某一明确的结果，必须设计一些古典文化的学校课程。在实现宏大的学术理想的过程中，有太多的失败相伴。

在处理每项艺术工作时，我们必须适当地把持住这两个要素：规模和速度。如果你用一个显微镜来检查罗马的圣彼得大教堂，那对它的建筑师来说就是不公平的；如果你以一日五行的速度阅读《奥赛罗》，那这部著作就会变得枯燥乏味。如今，这个问题的的确确地摆在我们的面前。我们所教的学生，他们的拉丁语还不够好，从而不具备快速阅读的能力，而要开拓的视野浩如烟海，包含了有史以来的历史。认真研究规模与速度，研究我们工作中不同部分的相互关系，看似才是重中之重。我不曾找到任何一种文学可以回答这个有关学生心理的问题，难道这是一个共济会[①]的秘密吗？

我常会注意到，如果在一个知名学者的聚会上引入有关翻译的话题，他们在情绪和情感上就会表现得如同对着文人雅士谈论一个肮脏的两性话题一样。作为一个数学家，我不会为此失去学者的名望，那就由我来讨论一下这个问题吧。

沿着我一贯的思路发展下去，正确欣赏拉丁语词汇的含义，欣赏概念在语法结构中的联系方式，欣赏有不同侧重点的句子的完整用法，这些构成了我心目中拉丁语学习的根本价值所在。于是，任何教学的模糊不清，忽略语言的微妙之处，都击败了我之前呈现给大家的全部理想。利用翻译让学生尽可能快地远离拉丁语或避免分心去思考结构等问题，的确是个误区。分析

---

① 共济会，又称“美生会”，字面之意为“自由石匠”（英语：Freemasonry），全称为“Free and Accepted Masons”，出现在18世纪的英国，是一种带宗教色彩的兄弟会组织。

的精确性、确定性和独立性都是整个学习过程中的主要收获。

但是，我们仍然面临严峻的速度问题：在短短的四五年时间内学完全部课程。每首诗都要在特定的时间内读完，对比、比喻和情绪的转化必须和人类精神的节奏变化相一致。这些内容都有自己的周期，无法延伸到特定的限度之外。你可以挑选世上最优秀的诗歌，但如果你以蜗牛的速度跌跌撞撞地阅读，它就会从一部艺术作品沦为一堆垃圾废物。想一想，孩子们在专心于功课时的大脑状态：读了“此时”，再停下来查字典，然后继续读到“一只鹰”，再查字典，接下来又好奇于句子结构，如此这般，这般如此。那样会帮他们认识罗马吗？当然，常识告诉我们要尽己所能地找到能保留原著的魅力和生机的最佳译本，然后以适当的语速大声朗读，并且给出一些有助于理解的评论。当拉丁语受到攻击时，我们会产生这样一种保护意识：我们会把活生生的艺术作品当作圣物珍藏起来。

但是，有人提出反对意见，认为：令人遗憾的是，译本总是不如原著好。诚然如此，这就是为什么孩子们必须掌握拉丁语原文。一旦他们掌握了拉丁语原文，就能以适当的速度进行阅读了。我主张，以合适的速度对整个译本做出初步的认识，再以合适的速度对原著的整体价值做出最终的评价。华兹华斯①谈到了那些认为“谋杀是为了解剖”的科学家们。和他们

① 华兹华斯（William Wordsworth，1770—1850），英国浪漫主义诗人。其诗歌理论动摇了英国古典主义诗学的统治，有力地推动了英国诗歌的革新和浪漫主义运动的发展。

相比，过去的古典文化学者才是真正的谋杀者。美感是迫切而热烈的，必须得到应有的尊重。但我想更进一步地展开论述，用来传达罗马美景的拉丁文学要比学生在原著中学到的拉丁文学多得多。他们应该多读一点维吉尔、卢克莱修，多读历史，多读西塞罗。在研习一位作家的作品时，应该选取一些能够充分展现他的全部精神的拉丁文作品，虽然它们没有自己的母语和自己的话影响大。但是，全然不去阅读他的原文，也是一个极大的错误。

规模方面的困难在很大程度上与古典历史的呈现息息相关。摆在年轻人面前的每一件事都必须以特例和个例为基础。然而，我们想要阐述整个历史时期的一般性特征。我们必须让学生通过接触来学习。我们可以通过视觉的呈现来展示生活方式，如：各种建筑图片、雕塑模型、花瓶图片和能够讲述宗教神话或家庭场景的壁画。我们可以通过这种方式，把罗马文化和以前的东地中海文化进行比较，与以后的中世纪文化进行比较。有必要让孩子们了解，人类在外表、住处、技术、艺术和宗教信仰等方面是如何改变的。我们必须效仿动物学家的做法，他们通过展示手头已有的动物制作标本来进行典型的案例教学。我们必须以同样的方式开展教学，以展现罗马的历史。

人类生活是以技术、科学、艺术和宗教为基础的。这四个领域都具有内在的联系，都源于人类的全部智慧生活。离开这四个基本要素，就不可能理解任何一个社会组织。一台现代蒸汽机可以完成古代一千个奴隶才能完成的工作，掠夺奴隶是古代帝国得以存续的关键。一台现代印刷机是现代民主制度的必要附属品。现代智慧发展的关键是持续不断的科学进步及其随之发生的思想变化和技术发展。在古代世界，美索不达米亚和埃及可能依靠灌溉业得以生存。但是，罗马帝国的存在，靠的是广泛地运用当时世界见证过的技术：它的道路、桥梁、沟渠、隧道、排水沟、宏伟建筑、有组织的商船队、军事科学、冶金术和农业，这就是罗马文化得以扩大和统一的秘诀。我常会好奇，为什么罗马的工程师没有发明蒸汽机。他们或许随时可以把它造出来，要是那样的话，世界历史将会多么地不同啊！我认为，是由于他们生活在温暖的气候环境下，而且没有引进茶叶和咖啡。在十八世纪，成千上万的人坐在火炉旁，看着他们的水壶煮水。我们当然都知道，亚历山大的西耶罗[①]发明了一些小物件。但那时最想得到的就是，罗马工程师们在关注水壶煮水的过程中应该得到的启发——蒸汽机的动力。

人类的历史必须与技术的进步保持适当的关联。在过去的一百年里，先进的科学与发达的技术相互协作、紧密相连，共同开创了一个新的时代。

---

① 西耶罗（Hiero，10—70），古希腊数学家，是一位活跃在亚历山大的工程师，被认为是古代最伟大的实验家，他的著作于希腊时期文明科学传统方面享有盛誉。

同样，在大约公元前 1000 年，当写作艺术最终被广泛推崇的时候，首个伟大的文学时代便随之开始。在最初的朦胧起源阶段，写作艺术已经用在传统的僧侣经文、正式的官方文书和编年史记当中。若是认为，在过去初次引进新发明时就预见到它的影响力的话，就大错特错了。即便是现在，我们都接受了训练去思考新观点的可能性时，都无法预见。但在过去，不同的思考方向可以帮助我们将新鲜事物缓慢地渗透到社会体系之中。于是，写作——作为保护个体思维创新的一种激励，在东地中海的沿海地区被慢慢地掌握。当希腊人和希伯来人完全实现了所有可能的构想时，文明开启了一个新的纪元。即使希伯来精神的普遍影响被推迟了一千多年，直至基督教的产生。但就是在那时，他们的先知们记录着自己的内在想法，希腊文明才开始成形。

我想要说明的是，在大规模处理有关罗马背景和前景所需要的历史资料时，完全没有符合我国历史传统的对政治事件的连续性记载。我们必须使用模型、图片、图表和图解来展现典型的技术发展事例及其对当前生活方式的影响。艺术也是如此，在艺术的实用性和宗教性的巧妙结合中，两者都表现出想象力的现实的内在生命，并且通过这种表达实现了自我改变。孩子们可以看到过往时代的艺术作品，如模型和图片等，有时还能在博物馆里看到一些特殊的展品。对过去历史的学习决不能从一般性的陈述开始，而必须从具体化的事例着手。这些事例都能展现时代变迁、生活方式变化的缓慢而持续的发展过程。

当我们开始学习东地中海的文学文化史的时候，也必须运用相同的具体事例处理法。当你开始思考这一问题的时候，对古典文化的重要性的全部要求要建立在一个基础上，即：没有任何东西可以替代一手资料。因为希腊和罗马是欧洲文明的创建者，所以，首要的一项历史知识就是罗马人和希腊人思想的一手资料。因此，为了把对罗马的看法放在适合它的历史环境当中，我强烈要求：学生应该读一些希腊文学的一手范本。当然，它肯定是个译本。但我宁愿去读希腊人所写的译本，也不想去看英国人所写的关于希腊人的文字，无论它写得多好。应该把阅读有关希腊的著作放在掌握一些有关希腊的直接知识之后进行。

我所指的这种阅读，是阅读用韵文翻译的《奥赛罗》，一些希罗多德①的作品，一些由吉尔吉特·莫雷②翻译的戏剧里

① 希罗多德（Herodotus，约前480—前425），古希腊作家、历史学家，他把旅行中的所闻所见，以及第一波斯帝国的历史记录下来，著成《历史》一书，成为西方文学史上第一部完整流传下来的散文作品，希罗多德也因此被尊称为“历史之父”。

② 吉尔吉特·莫雷（Gilbert Murray，1866—1957），英国古典文学学者、希腊文教授，著作有《希腊史诗的兴起》《希腊宗教的五个阶段》等。他用押韵的诗句翻译了古希腊戏剧作品，再现了古希腊诗歌的韵律。

的合唱诗，普鲁塔克[1]写的传记作品，特别是关于阿基米德[2]在马塞拉斯的那段生活，以及由度西斯[3]准确翻译的学术论著《几何原理》中的一些定义、公理和一两个命题。在所有的这些阅读中，要对作者们的内心环境给予足够的说明。罗马在欧洲处于重要的地位，是因为：它留给了我们一份双重的遗产，它接受了希伯来的宗教思想，融汇了希腊文化，并将其传到了欧洲。欧洲本身代表了多种多样的活跃因素的组织与联合的影响。罗马法体现了罗马人伟大的奥秘，即在帝国的钢铁般的框架内对人性隐私权的斯多噶式的尊重。欧洲总是因为自身文化遗产的多样的爆炸性特征而四分五裂。它永远不会摆脱罗马统一性的影响而走在一起。欧洲的历史就是控制希伯来人和希腊人的罗马史，他们对宗教、科学、艺术、物质欲和支配欲产生了各种各样的冲击，而这些冲击之间势不两立。对罗马的认识就是对文明统一性的认识。

---

① 普鲁塔克（Plutarch，约 46—120），古希腊罗马帝国时期的传记作家、伦理学家、哲学家。著作有《希腊罗马名人比较列传》《道德论丛》等。他的文笔流畅，对 16 至 19 世纪欧洲作家和欧洲散文、传记、历史著作的发展产生了巨大的影响。

② 阿基米德（Archimedes，前 287—前 212），伟大的古希腊哲学家、百科式科学家、数学家、物理学家、力学家，静力学和流体静力学的奠基人，并且享有“力学之父”的美称，阿基米德和高斯、牛顿并列为世界三大数学家。阿基米德曾说过：“给我一个支点，我就能撬起整个地球。”

③ 度西斯（T. L. Heath，1861—1940），英国数学史家。

在教育中，我们从特殊走向一般。因此，应该教育孩子通过实践一些简单的例子来使用这些概念。我的观点是：教育的目的不是漫无目的地积累特定的数学原理，而是最终意识到：持续多年的学习已经说明了那些数字、数量和空间的关系，这些关系至关重要。这种训练应该作为全部哲学思想的基础。事实上，如果能对初等数学做出正确设想的话，它就可以给予普通人所能接受的哲学训练。但无论如何，我们都应该避免无意义地积累细节知识。尽你所能地出些例题，让孩子们学上几学期，或几年。但这些例题应该对主要概念做出直接的说明。以此方式——也只能以这种方式，才能避免深奥性对教育造成的致命伤害。

第六章　数学课程

当前的教育形势，如果没有追溯到几个世纪以前中世纪学习传统的结束，就无法找到它的参照点。时至今日，对人类利益来说，尽管传统的智力观一度成绩斐然，但它早就太过狭隘。人类利益的改变使得教育基础同样需要做出类似的改变，从而帮助学生适应在未来生活中确确实实占据着他们心灵的某些思想。人类社会的智力观发生的任何重要的根本性变化，都必然伴有一场教育革命。既得利益或某些思想领袖对他们早期接受的某种观念的依赖感，让这次革命被耽搁了一代人之久。然而，规律是难以抗拒的，教育要想变得生动有效，必须接受指导，从而让学生了解那些观点，培养一些能力，能够理解所处时代的流行思想。

在脱离实际的虚无状态下，不存在任何一种成功的教育制度，也就是说，不可能有一种和现存智力环境不相干的教育制度。除了现代教育之外，其余的教育都和所有的有机体一样，有着同样的命运。

但是，“现代”这个神圣的词汇并没有真正地解决我们的难题。我们的意思是，无论在传授的概念上，还是在培养的能力上，都必须与现代思想相结合。从某种意义上讲，昨天刚发现的东西未必是现代的东西。它也许属于某个在之前时代里流行过的过时的思想体系，或者更有可能的是，它太过深奥。当我们要求教育应当与现代思想相结合时，我们所指的是在有教养的社会群体中被广泛传播的思想，这就是我想在今天下午演讲的主题：在普通教育中教授晦涩难懂的科目的不宜之处。

事实上，对数学家而言，数学是一门相当棘手的学科。门外汉常会指责我们的学科太深奥，让我们立即迎难而上，处理那些棘手的问题，并坦白承认，数学大体上来说就是深奥学科的典型例子。我所指的深奥，并不意味着困难，而是一些有着极为特殊用途的概念，它们几乎不会影响我们的思想。

这种深奥的倾向是一种典型的不祥之物，它很容易毁掉数学在通识教育中的功能。就这门学科的教育用途而言，我们必须默认，普遍的受教育者在数学方面还处于一个可悲的低水平上。我比谁都渴望扩大数学的教育范畴。而要想达到这个目的，不能只靠盲目地获取更多的数学知识。我们必须直面那些阻碍数学得以广泛应用的真正困难。

这门学科深奥吗？现在，从全局考虑，我想是深奥的。世界公论是起决定性作用的（Securus judicat orbis terrarium）——人类的普遍性判断是可信的。

作为存在于大脑和学生数学课本里的数学学科是深奥的。它从一般性概念中演绎推理出无数个特殊的结论，而每个结论要比之前的结论更加深奥。今天下午，我的任务不是为数学作为一门深入研究的学科进行辩护。它可以很好地为自己证明。我想强调的是，让这门学科成为学生一种乐趣的原因也是阻碍它发挥其作为教育工具的用途的原因，即：来自普遍性原理的互相影响的大量推理，它们的复杂性，它们与首个论点之间的明显距离，各种不同的方法，以及数学带给我们的馈赠和永恒真理——纯粹的抽象特征。

当然，所有这些特征，对于学生而言都是一份无价之宝。许久以来，它们吸引了许多异常敏锐的智者。我只想说，除了精心挑选出一些才智非凡的学生之外，它们对教育的影响都是毁灭性的。学生被各种各样的细节所迷惑，而这些细节无论是重要的概念还是普通的概念都没有明显的关系。扩大这种以获得更多细节知识为目标的训练，是教育兴趣所渴望获得的最后一个措施。

我们得出的结论是，如果在普通教育中运用数学，就必须经历一个选择和适应的严格过程。很明显，我不是说，无论我们在这门学科上投入多少时间，一般水平的孩子都不会学得太好。但是，无论我们的进步多么有限，这门学科在任何阶段所明确存在的自然特征，都必须被严格地排除。当我们在向年轻人呈现这门科学的时候，必须摒弃它的深奥一面。在面对这门学科时，必须直接而简洁地讨论一些极具重要性的一般性概念。

如今，在数学教育改革的问题上，当前这一代教师有理由为其所获得的成就感到自豪。它在改革中已经展现了无穷的活力，已经在如此短暂的时间内完成了超乎我们想象的任务。公共考试在现有的课程中根深蒂固。我们常常无法认识到，要改变这种得到公认的课程，是多么困难的一件事啊！

尽管如此，我们还是取得了巨大的进步，起码，旧式的无效传统已经被打破。今天下午我想指出的是，指明我们努力方向的指导性思想是什么。我已经用一句话做出了总结，即：我们必须把深奥性从这门学科的教育用途中根除。

我们的教学课程，应该被设计得可以简洁地例证一些具有明显重要性的概念。要严格剔除那些好听的题外话。我们所要达成的目标是，学生应该对抽象思维有所了解，应该意识到它是如何适用于特殊的具体环境，应该知道如何把一般性方法运用于它的逻辑调查之中。有了这个教育理想，就没有什么会比在我们书本里漫无目的地添加理论更糟糕的事了。这些理论之所以能够出现在书本上，只是为了让孩子们学习它们，再由出题老师围绕它们出一些简洁的题目罢了。要学习的书本知识，应该是那些可以通过例证解释观点的重要内容。不管是借助抽象的特例，还是通过在具体的现象中进行运用，列举的例子——列举出尽可能多的、老师认为重要的例子——应该可以帮助说明原理。这里值得一提的是，如果考试的样题还是要求很多深奥的细节知识，那简化书本知识就是毫无意义的。有一种错误的观点认为，习题考的是能力和天赋，书本知识考的是死记硬背。这并非我的经验之谈。只有那些为了获得奖学金的孩子们才会专门去死记硬背，才能成功地做完一张试卷。适当地设置书本知识，而非根据平淡无奇的糟糕计划做些摘录，是考查能力的一个不错方法。当然，前提是为每个知识点提供直接的例子。不过，这是数学考试对教学造成的不良影响的题外话了。

数学基础中的主要概念一点也不深奥。它们是抽象的。但之所以把数学囊括在通识教育之中，主要是为了训练学生处理一些抽象概念的能力。这门科学提供了大量的抽象概念，这些概念以精确的形式自然而然地出现在我们的大脑里。从教育的角度看，数学可以看作是由数字关系、数量关系和空间关系组成的。这不是一个普通的数学定义，在我看来，这是一门相当普遍的科学。但是，我们正在讨论数学在教育中的作用。关于数字、数量和空间的这三类关系，是相互联系的。

在教育中，我们从特殊走向一般。因此，应该教育孩子通过实践一些简单的例子来使用这些概念。我的观点是：教育的目的不是漫无目的地积累特定的数学原理，而是最终意识到：持续多年的研究已经说明了那些数字、数量和空间的关系，而且这些关系至关重要。这种训练应该作为全部哲学思想的基础。事实上，如果能对初等数学做出正确设想的话，它就可以给予普通人所能接受的哲学训练。但无论如何，我们都应该避免无意义地积累细节知识。尽你所能地出一些例题，让孩子们学上几学期，或几年。但这些例题应该对主要概念做出直接的说明。以此方式——也只能以这种方式，才能避免深奥性对教育造成的致命伤害。

我现在所讲的，不是特指那些想要成为职业数学家的人，也不是那些因为职业的关系而需要一定的数学细节知识的人。我们正在思考的是，所有学生的通识教育，其中包括以上两种学生。数学的普遍用途，应该是简单地学习某些一般性定律，这些定律可以通过实例得以很好的说明。我们应该单独考虑这种学习方式，并在概念上将其与之前提到的职业化学习彻底分开，因为职业化学习需要做好最充分的准备。这种学习的最后一个阶段，应该是奇偶习题中已经说明的一般定律。正如我所了解的那样，当前学习的最后阶段是证明圆与三角形中的某些特性。这些特性对数学家而言具有无穷的乐趣。然而，难道它们就不深奥了吗？这些定律和通识教育的理想之间又会存在怎样的明确关联呢？学生在古典文化方面的语法学习，最终是为了阅读维吉尔与贺拉斯[①]——这些最伟大的人的最伟大的思想。当我们充分展示自己的学科教育时，难道我们就可以满意地说：数学训练的终极目标就是让学生知道九点圆的性质吗？我坦白地问你：这难道不是一种“退步”（come down）吗？

在数学教学的重组方面，当代数学教师已经付出了很多辛勤劳动。因此，我们没有必要为不能设计一门在学生头脑中留下比“畸例”更高贵的东西的课程而深感绝望。

让我们想想，当初级课程结束以后，要如何组织终极复习来指导那些更加聪明的孩子更进一步。毋庸置疑的是，这需要一定程度上对已完成的整体工作进行全面的勘察，忽略那些不恰当的细节知识，以强调那些使用过的一般性概念以及它们在进一步研究中可能存在的重要性。解析几何概念也能在教授简单实验力学的物理实验室里找到直接的应用，在这里，应该学习过简单的实验力学。此处的观点具有双重含义，物理概念和数学概念是相互说明的。

数学概念对力学定律的精确化公式来说至关重要。一个自然法则的精确概念，在内容上确实得到了我们的经验的检验，而公式中抽象思维的作用，对学生来说，都变得显而易见。整

① 贺拉斯（Quintus Horatius Flaccus，前 65—前 8），古罗马诗人、批判家。代表作有《诗艺》等。

个课程主题需要细致地展开，充分而特别地说明，不建议只是给出一些空洞的抽象陈述。

然而，过分强调通过终极复习的方式对之前的工作进行单纯的直接说明，将是一个极大的错误。我认为，应该精心选择这门课程的后续目标，以便突出那些在之前数学学习中真实存在的一般性概念。这一目标可以通过分明地进入一个新的学习主题得以很好地实现。例如，量的概念和数的概念是全部准确思维的基础。在前面的学习阶段，它们没有被截然分开；让孩子们学习代数，是非常正确的决定，他们不会遇到麻烦，不会被概念困扰。但在学习的最后阶段，他们当中较为聪明的孩子将会认真思考量的基本特性并收获颇丰，一般来说，这些特性最终可以引出数字度量的概念。这个话题也能给我们带来好处，那就是踏踏实实地拿起一些必要的书阅读。欧几里得①的第五本书被那些有资格评判的人视为希腊数学的伟大成就。这本书正好与这个主题有关，但又总是被忽略。这足以说明传统数学教育的特点——无望与偏狭（illiberal）。它解答了概念，因此被排斥了。当然，需要我们认真挑选一些更为重要的命题，并仔细修正与其相关的论点。不是整本书都要，要的只是能够体现基本概念的少数命题。虽然这个主题不适合后进生们，但它肯定会让那些优等生们感兴趣。数量的性质，以及如

① 欧几里得（Euclid，约前330—前275），古希腊数学家，被称为“几何之父”。他最著名的著作《几何原本》是欧洲数学的基础，提出五大公设，被认为是历史上最成功的教科书。

何测试数量，这些话题将有很大的讨论空间。这种学习根本不是空中楼阁，而是在每个阶段都要借助真实的事例加以说明，在这些事例中，量的特性是缺失的，是模糊的，是有疑问的，或是明显的。温度、热量、电流、广度和距离等因素，以及研究者喜悦或痛苦等情绪，通通都要考虑在内。

此外，需要说明的还有泛函性。数学分析中的函数和物理世界的相对性和几何学中的曲线类似。学生从最初学习代数起，就学了函数和曲线的相互关系，即曲线图的绘制。近些年来，关于绘图发生了重大的改革。但就现阶段而言，这项改革既没走得太远，也不足够充分。曲线图背后的概念——就好比枪支背后的人一般——才是见效与否的关键所在。当前存在的趋势，是仅仅让孩子们画曲线，而遗忘了整体。

在学习简单的代数函数和三角函数时，我们也在学习物理学定律的准确表达。函数就是代表这些定律的另一种方式。一些简单的基本定律——如平方反比定律和直接距离——应该在复习中舍弃，可以考虑运用一些简单的函数来表达物理学中重要的具体案例。我不禁想到，这个主题的终极复习或许可以采取这样的方式，即学习一些运用到简单曲线中的微学分的主要概念。变率的概念没那么难懂，学生很容易就能区分开 X 的 n 次幂，如 X^2、X^3 等；也许在几何学的帮助下，区分正弦 sin(x)和余弦 cos(x) 也不成问题。如果我们摒弃了填鸭式教学——向孩子们灌输一些难以理解的定理——的坏习惯，且永不再用的话，他们就有足够的时间去关注那些真正重要的课题了。我们也能使其熟知一些真正影响思维的概念。

在结束这个有关物理定律和数学函数的话题之前，还有一些其他问题需要注意。事实上，精确的定律不曾得到精确观察的验证，这点很容易说明，并可以提供极好的例子。再者，统计定律，即只有借助大数据计算平均值才能满足的定律，也容易研究和说明。实际上，对统计方法及其在社会现象中运用的少量研究，为我们提供了一个关于如何运用代数概念的最简单的例子。

另一种可以归纳学生所学概念的方法就是利用数学的历史。数学史不能仅被看作日期和人名的集合，而应被用来阐述普遍的思想潮流，这种阐述碰巧使这些学科成了最初设计时的兴趣目标。现在我只是关注了这门学科，或许就是它完美成就了我所期盼的结果。

我们已经说明了两个主题，即量和自然规律的一般概念，这些概念应该成为通识教育中数学课程的学习目标。但对数学教育来说，还有另一个不能忽视的方面，那就是逻辑方法训练的主要方法。

现在，让我们来谈谈：什么是逻辑方法？人们在逻辑方法中如何得到训练？

逻辑方法不只是有效推理形式的单一知识，也不只是遵从这一推理形式所进行的思维集中训练。如果它仅仅是这些方面，它就不那么重要。因为在过去的岁月里，人类大脑不是为了推理而不断进化，而是为了获得更多寻找新鲜事物的艺术。因此，在没有经历相当多实践的情况下，几乎无人可以进行严密的推理。

要想成为一名优秀的推理者，或用构成艺术精华的知识启迪普通人，远不止这点要求。推理的艺术在于不失时机地抓住主题，抓住那些可以说明整体的一般概念，以及坚持整理围绕这些概念的次要事实。一个人唯有通过长久的训练，意识到抓住重要概念及其到死都不松手的价值，才会成为一名优秀的推理者。就这种训练而言，我觉得，几何优于代数。代数的思维领域更加模糊，而空间对所有人来说都是一个明显清楚的东西。于是，教育本身就成了简化和抽象化的过程，在此过程中，所有不相关的物质特征，如颜色、味道和重量等，被搁置在一边。除此之外，定义、未被证明的假设命题，都说明有必要形成一个清晰的概念来阐述主题的基本事实及其相互关系。所有这些都只不过是主题的绪论而已。当我们开始展开主题时，它的优越性也会随之提升。最初，学习者不会面临任何符号，无论这些符号多么简单，它们在本质上都会干扰学习者的记忆过程。而且，如果推理从一开始就得到适当引导的话，它就会由指导每个发展阶段的明确概念所支配。于是，逻辑方法的本质就得到了直接的证明。

现在让我们暂时搁置由普通学生的迟钝所产生的局限，以及由其他学科所造成的学习压力，思考一下几何学在通识教育中为学生提供了哪些内容。我会列举这门学科的几个学习阶段，但不意味着必须按照这个唯一的顺序进行学习。第一个阶段是全等（congruence）学习。我们对全等的认识，在实际上取决于我们的某些判断，即当他们的外部环境发生变化时身体的内在特征不会发生变化。但是，无论全等如何产生，它在本质上都是两个空间区域点对点的相互联系，为的是所有对应的距离相等，所有对应的角相等。值得注意的是，长度相等就是长度全等，角度相等就是角度全等，而且所有相等的检验方法，如使用码尺，都只不过是简化全判断的工具。我说这些话是想表明，除了与之联系的推理之外，全等，不管是作为一个更宽泛、更深远的概念，还是就其自身，都值得我们用心关注。关于全等的命题说明了三角形、平行四边形和圆形的基本特征以及两个平面之间的相互关系。把这部分中已被证实的命题限制在最狭小的范围内，是令人趋之若鹜的。若想实现这令人向往的状态，一方面可以通过假设多余的公理性命题，另一方面可以通过单纯介绍那些至关重要的命题。

第二个阶段是学习相似性。这一过程可以减少至三到四个基础性命题。相似性是全等概念的拓展。和全等一样，相似性是另一个可以说明空间点一对一关系的例子。任何有关这一主题的拓展学习，最好是以调查一或两个相似的和处于相似位置的直线图形的简单特性为方向。这门学科的全部内容都可以在平面图和地图中获得直接的应用。然而，我们有必要记住，三角学的确是让主要定律得以应用的方法。

第三个阶段是学习三角学原理。这是对循环所引入的周期性的学习，以及存在于相似形间相互关系中的特性研究。在这儿，我们首次介绍了少量以数量研究为基础的代数分析。函数周期性的意义需要被给予充分的说明。最简单的函数特性既是解答三角形问题的唯一需要，也是相继调查的必然运用。公式本身的价值非常重要，但对这类学习来说却毫无用处，因此，应该严格排除这些充斥在我们书本上的公式，除非学生把它们当作书本上的直接例子进行证明。

排除公式这个问题，可以通过说明三角学这个例子得到最佳的解释。然而，我极有可能找到的是个糟糕的例子，而且我对它的判断也可能是错误的。我们可以通过把学习范围限定在三角学中的一角并排除其他的正弦和余弦公式来获得这门学科的大部分教育优势。三角形问题可以通过画函数图的方式得到解决。因此，通过书本知识和举例说明，这门学科能给学生留下这些方面的印象：（1）它从分析的角度体现了某些从全等性和相似性推理而来的定律的直接结果；（2）它能够解决调查中的主要问题；（3）它研究了表达周期性和波状运动所需要的基本函数。

如果想要拓展这门课程，就应该添加一些额外的公式。但也要格外小心，排除学生在训练中专门学习大量公式的现象。

所谓“排除”，就是学生不应花费时间和精力去获得熟练推理的能力。教师也许会认为，在全班面前解答一些这样的问题很有趣。然而，这些结果并非学习者需要记住的那些。同时，我还要从三角学和曾经所学的几何学中排除内切圆和外切圆的整个主题。这个主题不错，但我不明白，它在一个非专业的基础课程中有何作用。

因此，有关这个主题的书本知识被减少为一些极具可控性的命题。前几天我得知，一所美国大学的学生被要求背诵九十个三角学的公式和计算结果。我们现在没有那么糟糕。事实上，我们在三角学方面早已十分接近所勾画出来的初等课程理想。

第四个阶段是引入解析几何。代数中的坐标学习就已经运用了基础概念，而现在所需要的，是一门经过严格删减的用方程式来定义直线、圆和三种类型的圆锥曲线的课程。就这点而言，有两方面需要说明。一方面，我们总是想教给学生一些无需证明的数学知识。例如，在坐标几何学中，化简二次方程可能超出了我们所考虑的大部分学生的能力。但这并不阻碍我们解释圆锥曲线的基本位置，因为我们已经详尽研究了这种曲线的可能类型。另一方面，我们提倡把几何圆锥曲线作为一门独立的学科全部地清除出去。当然，在合适的时机，使用来自简单图形的直接推理启发我们对解析几何的分析。但是，几何圆锥曲线，由于从按焦点和准线性质来定义的圆锥曲线发展而来，因此有着明显的欠缺。它是一个无法可解的深奥难题。通常，在这门学科的这个阶段，运用圆锥曲线的基本定义是极其糟糕的做法。它非常深奥，而且没有明显的重要性。到底为什么要学习这些圆锥曲线，而且内容远比那些不确定数目的其他公式所确定的内容还多呢？然而，当我们已经开始研究笛卡尔方法的时候，自然而然地会首先考虑一次方程和二次方程。

在几何学的理想课程中，第五阶段是学习影射几何（Project Geometry）[①] 的相关原理。这个阶段的基础是交比（cross ratio）和投射（projection）的一般概念。投射是我们在全等和相似上所学的一对一关系中更一般的概念。在这儿，我们还要避免陷入纷繁复杂的细枝末节所带来的危险之中。

影射几何要说明的智力概念，对于推理所有被证明具有同一性的事例的相互关系十分重要。保留投射中的投射性质是这门学科的一个重要的教育概念。交比只是作为被保留的基本测量方法加入这门学科。通过精挑细选，有极少的命题可以说明这一过程可能实现的两个关联的方法。一个是通过简化进行证明。这里所说的简化是心理的，而非逻辑的——因为一般事例在逻辑上是最简单的。我的意思是：通过分析那些我们最为熟

---

① 射影几何是几何学的一个重要分支学科，是专门研究图形的位置关系的，也是专门用来讨论在把点投影到直线或者平面上时，图形的不变性质的科学。在射影几何学中，把无穷远点看作“理想点”。欧式直线再加上一个无穷点就是射影几何中的直线，如果一个平面内两条直线平行，那么这两条直线就相交于这两条直线上的无穷远点。通过同一无穷远点的所有直线平行。射影几何学在航空、测量、绘图、摄影等方面有广泛的应用。

悉或最易思考的事例进行证明。另一种方法是，我们一发现这样的事例或验证它们的标准，就立即从已知的普遍真理中推理出特殊的事例。

圆锥曲线的投射定义，以及用一般二次方程所获得的明确结果，都能进行简单的说明，但它们却处在该学科的边缘位置。这类主题可以传播信息，但证明却被打压下去。

这里所设想的高度理想化的几何课程——理想永远都不可能实现——不是一门冗长的课程。实际上，在每个学习阶段，以书本形式呈现的数学推理的数量很小。但还是要给予更多的解释，通过例题来说明每个命题的重要性，不管这些例题已经被解答，还是由学生去解答，都要精心挑选以表明它所适用的思维领域。通过这样一门课程，学生将学会分析空间的主要特征以及调查研究的主要方法。

以这种精神来学习数学的原理，就是要进行逻辑方法的训练，并要获得精确思想。这种思想是宇宙的科学和哲学研究的基础。继续对这一代所接受的数学教学进行改革，从而将这个更广泛、更有哲理的精神融入课程之中，做到这一点容易吗？坦白说，单凭一己之力，实现这一目标是很难的。根据我所简要说明的那些原因，所有的教育改革都是很难取得成效的。但如果这个理想确实存在于广大教师的思想意识里，那么，共同努力所带来的持续动力，就会最终产生很大的效果并带来意想不到的改变。渐渐地，这群教师会编写一些必要的书，改革考试形式，从而弱化这门学科的技术含量。然后，所有新近的经验都会告诉我们：大部分教师，都已经做好准备来迎接任何一种切实可行的方法，把数学学科从“一种机械训练”的指责中拯救出来。

大学存在的理由是，它把年轻人和老年人团结在一起，充满想象地思考学术问题，把知识和生活热情联系起来。大学传授知识，但它是以充满想象的方式传授知识。至少，这是大学应为社会履行的职能。在这方面无法做到的大学，没有存在下去的理由。充满想象的思考会营造一种兴奋的学习氛围，这种氛围可以转化我们所学的知识。知识不再是光秃秃的知识，它被赋予了所有存在的可能性。它也不再是记忆的负担；它像诗人一样助力我们的梦想，像建筑师一样构筑我们的目标。

第七章　大学及其功能

（一）

大学扩张是当今时代社会生活的一个明显特征。所有国家都加入了这次运动，尤其是美国，因此它也就获得了相应的殊荣。然而，大学的发展也很有可能被这种好运所带来的馈赠压倒；大学在机构数量、规模以及组织机构的内在复杂性等方面的发展，暴露出某种危险，即：由于对大学应在服务国家中起到那些基础性作用缺乏广泛的理解，大学用途的来源将遭到破坏。有关需要重新思考大学功能的这些评论适用于所有的较发达国家。它们尤其适用于美国，因为这个国家在发展中处于领先地位，在明智的引导下，这领先的地位将被证明是人类文明所取得的最幸运的几个进步。

尽管每所大学里的不同部门的确都有着无数的特殊问题，但此篇文章将只涉及一些最为普遍的规则。然而，普遍性需要举例说明，为此，我选择了一所大学里的商学院。我之所以做出这样的选择，主要考虑到：商学院代表了大学活动中较为新颖的发展趋势。同时，它们还与现代国家中主要的社会活动有着更为紧密的联系，由此可以成为展现大学活动会影响国民生活的楷模。在我有幸执教的哈佛大学，也有一所规模宏大的商学院快要打好它的新地基了。

在这所世界领先的大学里，如此大规模地建立一所培训学校，具有一定的创新价值。它标志着一项运动进入了高潮阶段，多年来，这项运动将相似的科系引入了全美的大学。这在大学教育领域是一种全新的现象；单凭这点就能证明对大学教育的目的有了一些普遍的反思，反思这个教育目的对社会性集体的福利是有重要意义的。

决不能夸大商学院的新颖之处。大学教育从来没有被限定在纯粹的抽象学习之中。欧洲最古老的大学，意大利的萨勒诺（Salerno）大学，以医学教育为主。1316 年，在英国的剑桥大学专门建立了一所学院，用来培养“为国王服务的办事人员”。大学培养了神职人员、医生、律师和工程师等。现在，商业是一个高度智能化的职业，因此，大学教育很适合这个行业。然而，存在这样一个新奇的情况：适合商学院的课程，以及这样一所学校应该组织的各类活动，还处于实验阶段。所以，结合这些学校的办学模式，重述一般原则，具有特别重要的意义。但是，如果我开始考虑细节，甚至考虑影响整体教育平衡的各种政策，那将会是我的一种假设。在这些问题上，我没有专门的知识可以解答，因此，我也无法献言献策。

（二）

大学是实施教育和开展研究的学校。但是，它们存在的主要原因，既不是向学生传授单纯的知识，也不是为教师提供单纯的研究机会。

除了这些非常昂贵的教育机构以外，这两种教育功能可以花费更少的钱来实现。书本很便宜，学徒制的体系也很好理解。就单纯传授知识而言，自 15 世纪印刷术普及以后，就没有哪所学校有理由存在。然而，从那以后才有了建立大学的主要动力，并在近代得到了迅猛发展。

大学存在的理由是，它把年轻人和老年人团结在一起，充满想象地思考学术问题，把知识和生活热情联系起来。大学传授知识，但它是以充满想象的方式传授知识。至少，这是大学应为社会履行的职能。在这方面无法做到的大学，没有存在下去的理由。充满想象的思考会营造一种兴奋的学习氛围，这种氛围可以转化我们所学的知识。知识不再是光秃秃的知识，它被赋予了所有存在的可能性。它也不再是记忆的负担；它像诗人一样助力我们的梦想，像建筑师一样构筑我们的目标。

不能让想象力与事实脱节：想象力是一种阐明事实的方式。想象力通过总结运用在现存事实中的一般规律发挥作用，然后运用智力考察符合这些原则的可供选择的可能性。它能让人们为一个全新的世界构筑智慧视野，并且通过提出令人满意的目标来保持生活的热情。

年轻人是充满想象力的，如果以训练的方式加强想象力的话，这种想象力的能量就能在很大程度上保持终生。然而，可悲的是，充满想象力的人经验不足，而经验丰富的人想象力匮乏。愚人凭想象力做事，而没有知识；书呆子凭知识做事，而没有想象力。而大学的职责就在于，把想象力和经验完美地结合起来。

在洋溢着青春活力的人生阶段，最初的想象力训练不要求对直接行为负责。当每天的任务是保持一个明确的组织结构时，就不可能养成无偏见的思维习惯，凭借这种思维习惯，我们从一般规律过渡到认识各种不同的事例。无论对错与否，你必须自由地思考那些未被危险因素所干扰的宇宙万象。

这些对于大学一般功能的反省，可以根据商学院的特殊功能得到即刻的解释。我们无须害怕承认，这种学校的主要功能是培养具有较高经商热情的人。认为对生活的热情是直接以狭隘的物质享受为平庸目的的产物，是对人性的诋毁。人类通过开创性的本能，以及其他一些方式，证明了这个谎言的虚假本质。

在现代复杂的社会结构中，生活的探索不可能与智力的探索相分离。在更为简单的环境中，开创者们可以追随自己本能的驱动力，径直走向山顶，将美丽风景尽收眼底。但在现代商业的复杂结构中，对分析和想象力重建的智力探索必须是获得成功的先决条件。在一个相对简单的世界里，商业关系也更加简单，因为它建立在人与人之间的直接接触或直接面对所有的物质环境的基础上。当今的商业组织需要富于想象力地抓住各行各业人员的心理，这些人分布在城市、山脉和平原，以及海洋、矿井和森林。它还需要运用想象力对热带和温带的生存条件有所了解；需要掌握各大组织间相互连锁的利益关系，以及对某一因素改变所引起的整个联合体的反应。商业组织还要充满想象力地理解政治经济的法律规定，不仅仅以抽象的方式理解，还要具备根据某一具体的商业环境解释这些法律规定的能力。它要求对政府的习惯性做法及其在不同条件下的改变有所了解。要从想象力的视角分析任何人类组织的约束力，用同情的眼光去理解人类本性的局限以及能够唤起服务忠诚度的条件。要掌握一些健康法则、疲劳规律和保持持久耐力的条件。要充满想象力地理解工厂环境的社会影响。要对科学在现代社会中的作用有充分的概念理解。要知道对他人说“是”或“不是”的原则，不是因为盲目的固执，而是出于理智地评价了相关的可选择性方案后做出的坚定回答。

大学培养了我们文明社会中知识分子的开拓者——神职人员、律师、政治家、医生、科学家和文学家。那些带领人类直面当今时代里种种困惑的理想就源于这群有志之士。清教徒（Pilgrim Fathers）的先驱们离开英国，为的就是，根据他们理想中的宗教信仰建立一种自己想要的社会制度。他们早期的活动之一，就是在剑桥地区建立哈佛大学，继承了古老的英国理想，有很多先驱们曾在这里受过教育。现在的商业行为需要像曾经所主要从事的其他职业一样，充满智慧的想象力；大学就是为欧洲民族的进步提供这种智力的组织机构。

在中世纪的早期历史中，大学的起源模糊不清，几乎无人关注。大学是一个逐步的自然的成长过程。但是，大学的存在使得欧洲生活在许多活动领域中取得持续不断的快速发展。通过大学这个中介机构，行动探索与思维探索碰撞在一起。在这以前，不可能有先知会预言，这样的组织机构会如此成功。即便是现在，所有的人和事物之中也有不够完美的地方，有时很难理解大学是如何取得成效的。当然，大学的作用也有很多失败之处。但是，如果我们采取开阔的视野看待历史，大学的成功还是非同寻常且始终如一的。意大利、法国、德国、荷兰、苏格兰、英格兰和美国的文化历史，见证了大学的影响力。对于“文化历史”，我并非主要思考学者们的生活；我指的是这样一群人的生命活动，他们曾给法国、德国以及其他国家留下了人类的成功印记，加上他们对生活的热情，形成了我们的爱国主义基础。我们愿意成为这样一个可以取得如此成就的社会的一员。

有一个巨大的困难妨碍人类参与更高端的智力活动。在现代，这种困难甚至已经升级为某种可能的不幸。在任何一个大型的机构里，作为职场新人的年轻人，总是被安排在需要履行固定的职责并服从命令的工作岗位上。没有哪家大公司的总裁会在自己的办公室里会见最年轻的雇员，给他安排最重要的工作。年轻人常被要求按照固定的常规工作，甚至仅能偶尔在进出办公大楼时才能见到总裁。这样的工作就是一种很棒的训练。它能传授知识，培养可靠的性格，还是年轻人在初入职场时唯一适合的工作，也是他们受雇要做的一份工作。不存在对这项惯例的批评之声，但它也可能产生不幸的影响——持续很久的常规工作钝化了我们的想象力。

因此，后期职业生涯所需要的素养，早在早期职业生涯中就被扑灭。这只是一个更一般的事例：虽然通过训练才能使技术达到必要的优秀程度，但这种训练常会破坏指导技术的大脑活力。这是教育中的关键性事实，也是其中大部分困难的成因。

一所大学在为脑力劳动的职业——如现代商业或一种更古老的职业——做准备时应该发挥这样的作用，即：促进对这种职业所基于的一般原理进行充满想象力的思考。那些进入到技术学徒阶段的学生就能在把细节知识和一般原理相结合方面得到锻炼。于是，常规内容收获了自己的意义，也阐明了那些给予它意义的原理。因此，一个受过适当训练的人，就有希望获得一种通过详尽的事实和必要的习惯进行训练的想象力，而不是依靠盲目的经验进行沉闷的工作。

因此，一所大学的适当作用就是，运用想象力来获取知识。除了想象力的重要性之外，没有任何理由可以解释：为什么商人和其他的专业人士，在需要特殊知识来处理一些特殊的状况下，不能一点点地学习。大学是充满想象力的，否则，它就毫无意义——至少毫无用处。

（三）

想象力是一种传染病。它不可能用码尺测量，或磅秤称重，然后再由教职员工传授给学生。它只能通过用想象力来展现学识的教师进行传递。说这话，我只是在重复一个最古老的说法。两千多年前，我们的祖先用一支代代相传的火炬来象征知识。那支被点燃的火炬就是我口中的想象力。大学组织的全部艺术在于提供一支可以用想象力点燃知识学习的教师队伍。这就是大学教育问题的重中之重，除非我们注意到近期大学在学生数量和活动种类方面的扩张——这的确让我们深感自豪——否则就会因对这个问题的错误处理而无法得到好的结果。

想象力和知识的结合通常需要一些闲暇时间，需要从束缚中摆脱出来，远离烦恼，重获自由，需要各种不同的经历，需要有着不同观点和不同学识的智者的激励。还需要强烈的求知欲和自信心，这种自信源于周围群体在取得知识进步时所产生的自豪感。我们不可能一劳永逸地获得想象力，然后无限期地存放在冰箱里，定期定量地取出。有学问和充满想象力的生活是一种生活方式，而不是一件商品。

正是因为要为一支有效的教师队伍提供这些条件并让他们利用这些条件，教育和研究这两个功能在大学里汇合了。你想让你的老师充满想象力吗？那就鼓励他们去研究吧。你想让你的研究者充满想象力吗？那就引导他们支持年轻人在最具热情和想象力的人生阶段探索知识吧，此时学习者们的智力正进入成熟的训练阶段。让你的研究者向思维活跃、具有可塑性和拥有世界的年轻人们阐明自己的见解吧！让你的年轻学生通过接触那些有天赋、有智力探索经验的智者，圆满完成学业吧！教育是对生活探索的训练；研究是智力的探索；大学应该是年轻人和老年人共同分享的探索之家。对成功的教育而言，学习的知识必须有一定的新鲜度。要么它本身就很新颖，要么被全新地运用到新环境新时代。知识保存起来和鱼差不多。你可能在学习一些旧式知识，还有一些陈旧的原理；但尽管如此，它也必须来到学生面前，就好像刚从大海里捕捞出来的鱼类一样，具有即时性意义。

学者的作用在于唤醒生活中的智慧和美，若不是他们的神奇魔力，智慧和美将仍然迷失在往日的尘埃中。一个进步的社会依靠三类人，即：学者、发现者和发明者。它的进步取决于这样一个事实，即：它的受教群体是由那些具有学识、善于发现和懂得发明的人构成。我在这里使用“发现”一词，是指在关于某些高度普遍性的原理方面的知识进步；使用“发明”一词，是指根据当前需要，以特殊的方式运用普遍性原理的知识进步。显然，这三类人相互融合，并且那些付诸实践的人也可以被称为发明者，只要他们对社会的进步有所贡献。但是，任何一个独立的个体在其社会功能方面都存在各自的局限，都有自己特殊的需求。对一个国家而言，真正重要的是各种不同的进步要素之间紧密联系，使研究可以影响市场，市场可以影响研究。大学是使各种进步活动相互融合，并使之成为有效促进社会进步的工具的主要媒介。当然，它们不是唯一的媒介，而事实上，当前进步的国家是那些大学繁荣发展的国家。

我们无须假设，一所大学所拥有的独创性思想成果只能通过署有作者名字的文章和书籍来衡量。人类在展现思想成果的方式上，如同思想内容一样，具有独特性。对于那些思维极其活跃的智者来说，写文章或短文都似乎是不可能的。你会发现，在每支教师队伍中，都有一些较为出色的教师不在发明者的名单当中。他们需要以讲座或私下讨论的方式与学生直接交流，表达其独特的观点。这类人对社会的进步有着深远的影响力；然而，当他们所教的那代学生离世之后，他们就永久长眠于无数未被感激过的人类恩人当中了。幸运的是，在这群人中仍有一人流芳百世，他就是——苏格拉底。

因此，最大的错误就是，根据署名发表的作品来评估每位教师的价值。而目前就出现了陷入这种误区的趋势；因此，有必要坚决反对官方组织破坏效率，以及对教师们无私的热忱存在不公。

但是，当把所有情况考虑在内，一种能够很好地评估一个教师群体的总体效率的测试就是，它在整体上以发表文章的形式有多少产出，对人类思想有多大贡献。这种贡献的配额应以思想的分量来评估，而不能按文字的数目来衡量。

这项调查表明，管理一所大学的教师不同于管理一个商业组织。教师的公众意见和对大学目标的共同热情，形成了大学高水平工作的唯一的有效保证。教师应该由一群学者组成，他们之间相互激励，自由决定各自不同的活动。你可以明确某些特定的正规要求，例如，在既定的时间开讲，教师和学生都要参加。但是，本体的本质不受所有的规定限制。

公平对待教师的问题与此事关系不大。在任何有关工作时间与薪资的合法条件下，雇用一个人来提供合法的服务，是非常公正的。除非一个人愿意，否则他是不会接受这个职位的。

唯一的问题是，组建一支可以打造一所成功大学的教师队伍到底需要什么样的条件呢？危险在于，很容易培养出一个完全不合适的教师群体，他们都是些效率高的学究和笨蛋。只有在大学阻碍了年轻人的前途多年之后，普通大众才会察觉到教师间的水平差异。

现代大学制度在伟大的民主国家中成功的唯一条件就是，至高无上的主管部门对它们实施独特的管理，牢记不能根据人们熟悉的适用于商业组织的法规政策来管理大学。对于大学生活的这个规定而言，商学院也不例外。关于许多美国大学的校长们就此话题所公开发表的观点，我的确没什么补充。但是，无论是在美国还是其他国家，普通大众里有影响力的那部分人是否会听从他们的意见，就不得而知了。在教育方面，一所大学的全部意义，就在于把年轻人带入到一群极富想象力的学者的智慧影响之下。经验告诉我们，必须对能产生这样一支教师队伍的条件给予适当的关注。

（四）

论历史和地位，欧洲首屈一指的两所大学是巴黎大学和牛津大学。我将谈下我们国家的大学，因为我对它了解最深。牛津大学可能在很多方面犯过错误。然而，即使它有这些缺点，它在岁月的长河里仍保持一种超然的价值。在历史的长河中，所有细枝末节的错误都会像尘埃一般，微不足道。几个世纪以来，在牛津大学存在的漫长过程中，它培养了一大批充满想象力的学者。单凭这个贡献，任何热爱文化的人都会满怀深情地想到它。

但对我来说，无须去跨越大洋来寻找我的例证。《独立宣言》的作者杰弗逊（Jefferson），堪称最伟大的美国人。他所取得的各种辉煌成就，让他跻身于人类历史中为数很少的伟人之列。他创建了一所大学，将自己复杂智慧中的一方奉献于这所大学的创建之中，使这所大学置于能够激发想象力的环境里——建筑之美，环境之美，以及其他任何能激发想象力的设施和机构。

在美国，还有其他一些大学可以佐证我的观点，但我最后想列举的例子将是哈佛大学——清教运动[①]中的代表性大学。十七和十八世纪的新英格兰清教徒们，虽内心世界极度丰盈，富于想象，外在表现却有所节制，对形式上追求华丽堆砌的象征主义十分惧怕。但尽管如此，他们仍对自己凭借聪明才智所构想出的崇高真理深感不安。在那几个世纪里，信奉清教的教师们一定是充满想象力的，他们培养了很多闻名世界的伟人。在以后的岁月里，清教徒的影响被弱化，爱默生[②]、洛威尔[③]

---

① 清教运动又称反国教运动。16—17 世纪在英国发生的清教徒参加的社会政治运动。发动者为卡特赖特。清教为 16 世纪 60 年代传入英国的加尔文宗，信仰该教的称清教徒。

② 拉尔夫·沃尔多·爱默生（Ralph Waldo Emerson，1803—1882），美国思想家、文学家，诗人，是确立美国文化精神的代表人物。1836 年出版处女作《论自然》。他文学上的贡献主要在散文和诗歌上。

③ 罗伯特·洛威尔（Robert Lowell，1917—1977），美国诗人，素以高超复杂的抒情诗、丰富的语言运用及社会批评而著称。诗集《威尔利老爷的城堡》获普利策文学奖。

和朗费罗[1]对哈佛大学产生了深远的影响。然后，现代科学时代逐渐登上历史舞台，我们在威廉·詹姆斯[2]身上再次看到了典型的富有想象力的学者。

今天，商业走进了哈佛；而这所大学赠予我们的礼物就是古老的想象力，薪火相传的智慧火炬。这是一份危险的礼物，它引起过很多灭顶之灾。如果我们对于这种危险心怀胆怯，最合适的做法莫过于关闭这些大学。想象力通常是商业奇才具有的天赋——如希腊、佛罗伦萨和威尼斯，还有荷兰的学术、英国的诗歌。商业和想象力一同茁壮成长，这是所有人必须为他们的国家所祈祷的一份礼物，为的是在自己的国度里重现雅典的辉煌。

它的公民，帝国精神，
前无古人，后无来者。
美国教育，志向高远，无与伦比。

① 亨利·沃兹沃斯·朗费罗（Henry Wadsworth Longfellow，1807—1882），美国诗人、翻译家。代表作品有《夜吟》《奴役篇》《伊凡吉林》《海华沙之歌》《基督》《路畔旅舍故事》。

② 威廉·詹姆斯（William James，1842—1910），美国心理学家和哲学家，美国机能主义心理学和实用主义哲学的先驱，美国心理学会的创始人之一。

什么样的思维组织才是我们所称的“科学”？现代科学的首要方面是它的归纳特点，这让众多思维缜密的观察者们为之着迷。一连串的思想家们，尤其是诸如培根、赫歇尔、詹姆士·穆勒、维恩、杰文斯等英国思想家们，都思考过归纳的本质与意义，以及归纳逻辑的规则。我不打算深入地分析归纳的过程。归纳好比是生产过程中使用的机器，而非产品，而我要思考的是产品。一旦我们理解了产品，我们就会处于一个更加有利的境地来改善我们的机器。

第八章 思维的组织

此次演讲的主题是思维的组织。这个主题显然可能用不同的方式来处理。我打算更详细地解释一下逻辑科学的知识范畴，因为我的一些研究与逻辑科学有相互联系。即使我能成功地做到这一点，我要谈论这种说法时还是会紧张。要阐明逻辑科学与一般科学活动的内在联系也是不容易的。

科学时代已发展成为一个组织时代并非偶然。有组织的思想是有组织行动的基础。组织就是对各种要素进行整理，从而使得它们之间相互能显示出既定的特性。史诗是整理思维的典范，也就是说，一个事件本来成为优秀史诗的可能性很小，但经过恰当地整理后，成了优秀的史诗。史诗素材包括：多种多样言语的声音、言语的联想，生活中各种事件和感受的图片记忆，以及对重大事件的叙述。通过有效的组织整理，整部史诗激起人们简单的、感性的，并且炙热强烈的情感，正如弥尔顿①所定义的情感那样。成功史诗的数量与思维组织活动的难度成比例，或者更确切地说，这两者成反比。

科学是对思维进行整理。但史诗这个例子提醒了我们，科学不是对任何思维进行整理。它只整理某种特定类型的思维。这种类型是我们竭力想要确定的。

科学好比一条双源河流，一个源头是实践，一个源头是理论。实践之源在于我们渴求付诸行动以实现预期目标。例如，为正义而战的英国，转而投身科学，因为科学让英国人认识了含氮化合物的重要性。理论之源在于我们渴望理解这个世界。现在，我要强调一下理论在科学中的重要意义。但是，为了避免误解，本人强烈声明：我不认为，一个源头会在任何意义上比另一个更崇高，或在本质上更有趣。我无法理解，为何努力探寻世界的本质比正确指导一个人的行为更加高尚。两者都有各自的缺点：有些行动会被邪恶的目的误导，有些探索世界的好奇心是可耻的。

科学在理论方面的重要性，即便是在实践中，也都源于这样的事实：行动必须是直接的，并发生于极其复杂的情况之

① 约翰·弥尔顿（John Milton，1608—1674），英国诗人、政论家、民主斗士，英国文学史上伟大的六大诗人之一。代表作品有长诗《失乐园》《复乐园》和《力士参孙》。

下。如果我们等到要行动的时候，才开始整理思路，那么，如果是在和平年代，我们早就丢了生意；在战争年代，早就打了败仗。实践中的成功取决于理论者们，他们有的受到了其他探索动机的指引，有的曾经经历过相似的情境，有的很可能遇到了相关的概念。我所说的理论者，不是一个脱离实际的人，而是一个想要根据已发生的事件正确地制定规则的人。成功的理论者应该对即时性事件特别感兴趣，否则他根本不可能制定任何有关这些事件的正确规则。当然，科学的这两个来源，人人皆有。

现在，我们来谈谈：什么样的思维组织才是我们所称的“科学”？现代科学的首要方面是它的归纳特点，这让众多思维缜密的观察者们为之着迷。一连串的思想家们，尤其是诸如培根、赫歇尔、詹姆士·穆勒、维恩、杰文斯等英国思想家们，都思考过归纳的本质与意义，以及归纳逻辑的规则。我不打算深入地分析归纳的过程。归纳好比生产过程中使用的机器，而非产品，而我要思考的是产品。一旦我们理解了产品，我们就会处于一个更加有利的境地来改善我们的机器。

首先，需要强调一点。在科学的分析过程中，有这样一种倾向：假设一个既定的概念组合符合自然的要求，若想发现自然法则就得利用归纳逻辑在符合明显概念的自然事物之间挑选一系列明确的可供选择的可能性关系。从某种意义上说，这个假设相当正确，尤其对于较早阶段的科学而言。人类发现自身具备了一些崇尚自然的特定概念，如永恒不变的物质实体的概念，继而确定一些定律，而这些定律与自然界里相应的认知对象有关。然而，定律的制定会增加概念的精确度，有时候这种变化是悄无声息的，有时是剧烈的。起初，这个变化过程没有得到足够的关注，否则至少可以感觉到它是一个被束缚在狭隘的界限里、没有触及基本概念的过程。现阶段，概念的制定可以视为与实证定律的制定同等重要，后者与宇宙的各类事件有关，也由此被我们认识。例如，生命、遗传、物质实体、分子、原子、电子、能量、空间、时间、量和数的概念。我不是在武断地提出一些规范这些概念的最佳方式。当然，也只有那些潜心研究问题所在的人，才能做到这点。不存在完全的成功，我们在正确方向上所取得的进步。这些进步来自不断地比较概念与事实这样一个缓慢而持续的过程。衡量成功的标准是我们能够制定实证定律。实证定律阐述的是我们构想中宇宙各部分间的关系。我们可以利用这个属性来诠释生活中的真实事件，尽管我们对这个具有内在关联的整体只有零碎的认识。

但是，对于科学的目的而言，什么才是真实的世界呢？科学是否要等到形而上学辩论的终止，才能够确定自己的主题？我认为，科学拥有更多平凡的基础。它的任务是发现存在于形成我们生活经历的感知、感觉和情感之中的关系。由视觉、听觉、味觉、嗅觉和触觉，以及一些更不成熟的感觉所产生的全景，才是其唯一的活动领域。科学就是以这种方式对经验进行思维组织。在这个真正的经验领域里，最明显的特征就是它的无序性。它对每个人来说，都是一个不完整的连续体，其中的各部分间没有明显的差异。比较不同人的感觉经历会使其难上加难。我坚持认为，自科学开始之初，真正的经验领域就存在毫无条理和难以调整的特点。在构建科学的哲学体系时，抓住这个基本原理是开启智慧大门的第一步。科学把精确的概念强加给我们，就好像这些概念象征着我们的经验被立刻释放一样，随即形成了事实，而事实受到语言的影响却被隐藏了起来。结果，我们想象着自己对发生在世间的明确事件所暗含的清晰目标有着直接经验。众所周知，通过直接释放我们的感官，这些事件在某个精确的时间点、明确的空间里发生了，完完整整，毫无夸大：匀整、整洁、整齐和精准的世界才是科学思维的目标。

我认为，这个世界是一个概念的世界，世界的内部关系是抽象概念之间的关系，科学心理学的基本问题就是阐述这个世界与真实的体验感受之间的准确关系。现在，我想邀请大家思考这样一个问题：准确的思维如何适用于支离破碎、模糊不清的连续体验呢？我不是在说，它并不适用，而刚好相反。但是，我想知道它是如何适用于这种连续性体验的。我所寻求的解决方法不是一言两语，无论它说得多么冠冕堂皇，我所要的是一门可靠的科学分支，这门科学的创建靠的是我们的锲而不舍和持之以恒，并且它可以详细地说明不同体验间的一致性是如何产生的。

科学活动的实践来源是最初进行思维组织的首要步骤，其中并未附加任何的理论冲量[①]。实现思维组织的缓慢过程既是适度的合理性存在得以逐步发展的原因，也是它所带来的成效。我的意思是，根据我们不断变化的连续性体验，形成明确的物质实体、确定的时长、同时性、反复性、明确的相对位置和相似的基本概念等，可以供我们随时在头脑中查阅并参考。事实上，这是常识性思维的全部机制，你可以参考椅子的明确概念。简单来说，那把椅子的概念是和它有关的所有相互关联的经历的概念，即：制作者的经历、售卖者的经历、看客或使用者的经历，以及当前那把椅子带给他们的舒适体验和我们对一个类似的未来的期待。然而，就在这把椅子塌掉且成为柴火的时候，这一系列不同的体验统统结束了。要形成这类概念，任务着实艰巨。动物学家和地质学家告诉我们，这要花上数以百万年的时间才可完成。对此，我坚信不疑。

现在，我想强调两点：首先，科学是以常识性思维的整体机制为基础，这点我早就提过。它既是科学开始的数据，也是科学最终重现的数据。如果科学让我们感到有趣，我们也许可以做出这样的推测：生活在其他星球的其他生物已经根据一种

---

① 冲量是力的时间累积效应的量度，是矢量。如果物体所受的力是大小和方向都不变的恒力 F，冲量 I 就是 F 和作用时间 t 的乘积。如果 F 的大小、方向是变动的，冲量 I 应用矢量积分运算。冲量通常用来求短暂过程（如撞击）中物体间的作用力，即由物体的动量增量和作用的时间而估算其作用力。

完全不同的认知法则整理了一些相似的经历，这项法则指引着他们关注自身不同经历间的不同关系。但是任务太复杂，太巨大，难以在主体框架上进行修正。你可以给常识润色，可以详细地驳斥它，也可以出其不意地攻击它。然而，你最终的任务是要让它满意。

其次，不管是学习常识，还是研究科学，都伴有思维组织的任务，而这项任务没有在任何方面违背对真实经历的严肃思考。再想想那把椅子吧。在其概念所依据的不同经历中，我把我们对未来历史的期待包含在内。我本该更进一步，将所有我们能想象到的可能经历也包含进去，简单来说，就是对椅子的可能性认知。这是一个难题，透过它我看不到任何方向。但如今，在创建时间和空间的理论过程中，如果我们不认可那些理想经历的话，似乎就会遇到无法克服的困难。

这种对体验充满想象力的理解，一旦出现，就会与我们的真实经历保持一致，而且看似是我们的生活必须。它既不是完全主观的，也不是完全确定的。它是一个模糊不清的背景，只有一部分因单独的思维活动而变得明确。比如，想想我们对未曾见过的巴西植物群的思考。

理想的经历与我们运用想象力来重现他人的真实经历有着密切的联系，还与我们几乎不可避免地认为自身可以接收来自外界复杂现实的影响密切相关。或许就是对每个来源和每种经历的恰当分析，公开表露了对这个真实情况及其本质的证明。

毋庸置疑，情况的确就是这样。这个问题的正确说明是形而上学的问题。在本次演讲中，我极力主张的观点之一，就是科学的基础并非任何形而上学的结论假设；虽然科学和形而上学都开始于同一个确定的直接经历的基础，但在不同的任务中两者却朝着相反的方向行进。

例如，形而上学探究的是，如何把我们对一把椅子的理解与某个真实情况联系起来。科学把这些理解收集起来并归到一个明确的类别里，再把一些类似的合适理解添加进去，这些理解是在可确定原因的情况下获得的，而科学所需要的就是基于这些理解的单一概念。

当前，刻不容缓的问题就是去探究科学结构的本质。科学在本质上是符合逻辑的。科学概念间的联系是符合逻辑的联系，详尽的科学主张的依据是逻辑依据。詹姆斯国王说："没有主教，就没有国王。"我们可以更加自信地说："没有逻辑，就没有科学。"为什么大多数的科学工作者会对这个真理的认识产生如此本能的反感，我认为，原因就在于过去的三四个世纪里逻辑理论一败涂地。我们可以把这一失败归咎于对权威的盲目崇拜，这种现象在文艺复兴时期的学术界就有一定程度的增加。后来人类改变了对权威的认识，暂时表现为一种思想的解放。这一现实奠定了人们对古典作家们的陈述持有一种敬畏的态度，我们也在现代运动之初看到了关于它的许多控诉。学者们成了这些事实的评论员，他们太过追求精细而无法忍受译本。倘若一门科学不愿忘记自己的创建者，那它就真的迷失了。我把这种对科学的犹豫归因于逻辑的缺失。不相信逻辑理论和数学的另一个原因就是，演绎推理不能产生新的知识。你的结论包含在假定的前提里，即，你可以从假设里得到结论。

首先，这个对逻辑的谴责否认了人类知识的不完整性与不连贯性。你可以在周一的时候做一个假设，在周二的时候做另一个，但是这些假设对你周三的思考可能毫无意义。科学是对假设、推理和结论的永久记录，而且这些假设、推理和结论都经过相关事实的验证。其次，我们在知晓假设的时候，不可能同时知晓结论。例如，在算术方面，人类并非精于计算。如果有理论可能证明人类能根据假设便知晓结果，那么这些理论都是错误的。我们可以想象，具备这种洞察力的生物也许存在。但我们并非这类生物。我认为，这些理论给出的答案都是正确的、中肯的。但它们却差强人意，在本质上攻击性强、流于表面。我们需要一个解释。它要对这个问题提出的实际难点给予清晰明确的说明。实际上，真正的答案就在我们的讨论当中，讨论的主要问题就是逻辑与自然科学之间的关系。

在一个更大的框架下简述现代逻辑的某些特征是十分必要的。这样一来，我就要避开那些意义深远的总体性讨论，以及微不足道的技术分类，尽管这些分类在传统逻辑学中所占比重很大。科学在其早期阶段的特点是，在目标上追求规模宏大、意义深远，在细节处理上却又很琐碎。因此，这一阶段的逻辑早已变得陈旧迂腐。

我们可以把逻辑理论分成四个组成部分。作为一个近似类比，我把这四个部分称之为算术部分、代数部分、一般函数理论部分和分析部分。我的意思不是，算术出现在第一部分，代数出现在第二部分，以此类推；但这些名称却暗示了每一部分所具备的思维品质，这些品质让人联想到数学中类似的思维品质：算术、代数、数学函数的一般原理以及对特殊函数属性的数学分析。

第一部分——即算术阶段——解决的是确定性命题之间的相互关系，比如算术所涉及的是确定的数字。任取一个确定性命题，把它称之为“p”。我们认为，总会存在一个与其直接对立的命题，称它为“非 p”。当我们获得两个命题——p 与 q 的时候，就可以从这些命题本身和它们的对立面导出更多的派生命题。我们可以说：“最后，p 或 q 中有一个是真命题，也或许两个都是。”让我们把这个命题称之为“p 或 q”。作为题外话，我想提醒大家，当今在世最伟大的哲学家其中之一曾经说过，人们对“或”一词的使用让他对精确表达深感绝望——即，就“p 或 q”而言，“或”意味着其中的一个命题可能是真的，或者两个命题都是真的。他的绝望令我费解，但是我们必须勇敢面对他的这种愤怒情绪。

因此，我们已经掌握了四种新的命题，即“p 或 q”“非 p

或 q”“p 或非 q”以及“非 p 或非 q”。它们被称为“析取衍生命题”①。至今，共计八种命题，它们是：p、非 p、q、非 q，以及四种选言命题。可以在这八种命题中任意选取一对，并用之前提出的处理方式替换命题中的 p 和 q。于是，每一对命题都会生成八个命题，也许其中有些命题在之前就已经获得。以这种方式进行下去，我们最终会发现：从两个原始命题 p 或 q 中衍生了无穷无尽的系列命题，而且变得复杂起来。当然，其中只有一些是重要命题。同样，我们也可以从三个命题 p、q、r，或四个命题 p、q、r、s 等多项命题开始。这些命题集合当中的任何一个都可能是正确的或错误的，但是没有其他的选择。无论它是真是假，都称其为命题的“真假值”。

逻辑探究的第一部分是判断这些命题的真假值。就那些值得开展的逻辑探究而言，不是非常深奥。表述其探究结果的最佳方法就是详细说明，但现在我不考虑详述。这种探究构成了逻辑理论的算术阶段。

逻辑理论的第二部分是代数阶段。如今，算术和代数之间的区别就在于，算术思考的是明确的数字，而代数引入了符号，即字母来代表数字。由此，数字的概念也被扩大了。这些代表数字的字母，有时被称为变量，有时被称为参数。它们，

① 析取衍生命题又称选言命题，是反映事物的若干种情况或性质至少有一种存在的命题。其支命题称为选言支，通常用 p、q 表示。根据选言支之间是否具有并存关系，选言命题可分为相容选言命题和不相容选言命题。选言命题由逻辑连接词“或者”连接支命题而成。

除非存在可以间接地确定它们的代数条件，否则都是不确定的。而且，有时也称其为未知数。一个含有字母的代数公式就像是一个空白表格。只有用明确的数字来替换其中的字母时，这个代数公式才会成为一个明确的算术表达。代数的重要性表现在对表格的研究。现在，请思考以下命题：

水银的比热容为0.033 cal/g℃。

这个有着一定限制的确定性命题是真命题。但这个命题的真假值无法立刻引起我们的关注。我们如果在命题中不提水银，而是用一个字母来代替某个不确定性事物的名称，就可以得到：

x 的比热容是0.033 cal/g℃。

这不是一个命题，罗素[①]称它为命题函数。它是对一个代数表达的逻辑类比。我们可以把任何一个命题函数写成 $f(x)$。

我们还可以进一步归纳，说成：

x 的比热容是 y。

于是，我们得到了另一个命题函数，$F(x, y)$，其中的 x 和 y 是两个参数。我们还可能继续概化这个命题，从而得到有任意一个参数的命题函数。

---

① 伯特兰·阿瑟·威廉·罗素（Bertrand Arthur William Russell，1872—1970），英国哲学家、数学家、逻辑学家、历史学家、文学家，分析哲学的主要创始人，世界和平运动的倡导者和组织者。主要作品有《西方哲学史》《哲学问题》《心的分析》《物的分析》等。

现在，思考一下$f(x)$。因为x有范围值，所以$f(x)$是一个命题，即真命题或假命题。如果x的值超出这个范围，$f(x)$就完全不是一个命题，既不是真命题，也不是假命题。或许它给了我们一些模糊的提示，但并不具备明确主张的整体意义。例如，

水的比热容是0.033 cal/g℃。

这是一个假命题。

美德的比热容是0.033 cal/g℃。我能想象到，这根本不是命题；因此，它既不是真命题，也不是假命题，尽管它的组成部分引起了我们头脑中的各种联想。使$f(x)$有意义的范围值被称为参数x的“类别”。

但是，要使得$f(x)$成为一个真命题，x的值也要在一定的范围内。这就是满足$f(x)$的参数x的类别。这个类别不一定是数字。从另一个极端来看，满足$f(x)$的参数x的类别也可能就是所有参数x的类别。

因此，我们构想了两个一般性命题，它们都是不定命题并且有相同的逻辑形式，即，它有相同的命题函数值。

对每个合适的x值，$f(x)$是真命题。

另一个命题是：

存在一个x值，使得$f(x)$是真命题。

给定两个或者更多有着相同参数x类别的命题函数$f(x)$和$\varphi(x)$，我们可以推导出衍生命题$f(x)$或$\varphi(x)$，$f(x)$或非$\varphi(x)$，以及对立命题等。这样，就形成了一个无穷尽的命题

函数集。这个函数集的形成过程与算术阶段中的过程是一样的。同样，每个命题函数都会产生两个一般性命题。产生于这类命题函数集的一般性命题，其真假值的内在关系理论构成了一个数学逻辑中简单而又精练的篇章。

正如我们已经注意到的，在逻辑思维的代数阶段，分类理论突然出现了。在没有引入误差的情况下，这项理论是不可忽视的。这分类理论至少要通过保险的假设来确认，即便它没有涉及问题的逻辑基础。这部分的主题晦涩难懂，最终也很难解释清楚，然而罗素的巨著已经为这个主题敞开了大门。

对现代逻辑理论的最后冲击来自一项独立发现，即：弗雷格①与佩亚诺②所发现的逻辑变量的意义。弗雷格比佩亚诺走得更远，但不幸的是，他使用了大量的符号，从而使著作太过晦涩，导致没人可以完全地理解他的意思，甚至连他本人都没弄懂。但是，这项运动有一大部分的历史可以回溯到莱布尼茨③，甚至是亚里士多德时期。其中，英国的贡献者有德·摩

① 弗雷格（Frege，1848—1925）是德国哲学家、数学家、数理逻辑学家、数学哲学家。主要著作有：《概念文字》《算术基础》《算术的基本规律》。

② 佩亚诺（Peano，Giuseppe，1858—1932）意大利数学家。佩亚诺对 20 世纪数学的发展有重要贡献，其著作《算术原理新方法》完成了对自然数的公理化处理，提出了自然数五大公理，即佩亚诺公理，然后定义各种运算，逐步扩展数系，依次定义整数、有理数、无理数等。

③ 戈特弗里德·威廉·莱布尼茨（Gottfried Wilhelm Leibniz，1646—1716），德国哲学家、数学家，历史上少见的通才，被誉为 17 世纪的亚里士多德。莱布尼茨在数学史和哲学史上都占有重要地位。

根[①]、乔治·布尔[②]和艾尔弗雷德·肯普[③]，他们的著作都是一流的。

第三个逻辑部分是一般函数理论阶段。在逻辑语言方面，此阶段的任务是从内涵过渡到外延，并研究符号理论。以命题函数 $f(x)$ 为例。存在一个 x 的类别或者范围能满足 $f(x)$。但是同一个范围也许能满足另一个命题函数 $\varphi(x)$。我们有必要研究一下如何表示这样一个类别：

当 x 有且只有属于这个类别或范围时，各种不同的命题函数之间是无差别的。我们必须分析这些关于类别的命题有哪些性质，比如说，这些命题的真假值取决于这个集合本身，而不是表示这个集合所要考虑的特殊意义。

此外，还有一些关于某个人的未经证实的命题。这些命题通常由描述性短语构成。例如，有关“英国的现任国王”的命题，是存在的；关于“现任的巴西君主”的命题，是不存在的。与此类似，但又更复杂的问题是有两个变量的命题函数。这些命题函数中的两个变量涉及相关性的概念，正如含一

---

① 德·摩根（Augusfus de Morgan，1806—1871），主要在分析学、代数学、数学史及逻辑学等方面做出重要的贡献。

② 乔治·布尔（George Boole，1815—1864），19 世纪最重要的数学家之一，出版了《逻辑的数学分析》，这是他对符号逻辑诸多贡献中的第一次。1854 年，他出版了《思维规律的研究》，这是他最著名的著作。在这本书中布尔介绍了现在以他的名字命名的布尔代数。

③ 艾尔弗雷德·肯普（Alfred Kempe），英国数学家。肯普证明四色问题时采用的归谬法论证手段非常有用，为后人的证明工作奠定了基础。

个参数的方程有多个 x 类别。同样，含有三个参数的函数会产生三角相关关系。这个逻辑理论部分是由罗素自己通过从事一些经常性的基础性工作所单独完成的。我把这种逻辑称之为基础性理论部分，因为它的思想对于构建基于逻辑表示的函数至关重要，这类函数中包含一些作为特例模式的普通数学函数，如：正弦、对数等。如果我们打算进入第四阶段，那么，在前面的每一阶段，就会有必要逐渐引入一个合适的符号体系。

逻辑理论的第四个部分即分析阶段，它与研究特殊的逻辑结构的属性有关，即：特殊类别和相关性的属性。数学的全部内容都包含于此。所以，这一部分比重很大。实际上，不管多与少，它都是数学，但它包含了对数学概念的分析，这种概念迄今为止都没被划入哪门科学的范畴之内，也没有得到足够的重视。结构是这一阶段的基础。就是借助合理的结构，由数字、数量、时间和空间理论所构成的应用数学的伟大框架才得以详尽说明。

即便是简要地概述，都无法解释数学是怎样从种类和相关性的概念发展而来的，其中包含了许多以第三阶段为基础的多角形相互关系。我只会谈及这一过程的主题，它在罗素和我所写的《数学原理》中得到了充分的展开。在这个发展过程中，存在七种特殊种类的相互关系，它们有着独特的趣味。第一种是由一对多、多对一和一对一的相互关系构成。第二种包括连续性关系，即对某一范围内的组成部分，按照序列进行排列而形成的相互关系，因此，由这个序列关系所决定，任何一个成分不是在另一个之前，就是在另一个之后。第三种是由归纳性关系构成，也就是，以数学归纳理论为依据所建立起来的关系。第四类包含了选择性关系，这是数学运算的一般理论所必须的关系，并在其他领域也有所要求。著名的乘法原理就与这类关系有关。第五种包括矢量关系，数量原理就是由它所产生的。第六种包括比例关系，它使数字和数量相互联系。第七种是由几何学中的三角和四角关系组成的。光是列举诸如以上的专业术语，不太具有启发性，尽管它能帮助我们去理解此门学科的划定问题。请记住，作为专业术语的此类名称，毫无疑问是要给我们一些提示，但在某种意义上应该赋予它们更为严格的定义。我们遭受了评论家们太多的指责，他们认为有足够的证据可以批评我们对这些术语的书面含义知之甚少。比如，一对一的对应关系取决于只有一个要素的集合概念，而对此概念的界定没有要求对数字一进行界定。想要得到的只是多样化的概念。因此，要想使集合 α 只有一个要素，就得满足以下前提条件：（1）满足命题函数 x 不属于 α 的 x 值的集合不是 x 相关值的全部类别；（2）无论 x 和 y 在相关类别中的值是多少，x 与 y 同属于 α 且 x 不同于 y 的命题函数都是错误的。

很明显，对于高等有限基数要素来说，类似分析步骤同样合理。所以，当前数学理念的全部范畴逐渐具备了逻辑定义的能力。这一过程既复杂又费力，同所有科学一样，人们对华而不实的措辞一无所知。首先，这一过程的基础是要构建与这些命题形式有关的概念；其次，就是通过参考逻辑学中有关代数部分得出的结果来证明包含这一概念的基本原理。

在这个过程中，我们将会看到特殊的模糊不清的数学概念的完整体系，以及一个崇尚数字、数量和空间的初期数学假设已经消失。数学只是一种用来分析逻辑推理的工具，只要这些推理依命题形式而定，那么，我们就能借助常识或精细的科学观察从特定的假设中得出这些推理。我们的思维始终存在特定的命题形式。现行的数学是对与其形式相关或在实际应用、理论价值方面具有某种意义的推理的分析。此处我所谈论的科学与它在现实中的存在如出一辙。数学的理论定义是必须包含在其范围内仅以命题形式为依据的所有推理。然而，的确没人想要发展在任何意义上都毫不重要的那部分数学。

这份对逻辑概念的仓促总结引起了我们的一些思考。问：到底有多少种命题形式？答：无穷无尽。因此，我们可以不去关注，为什么逻辑科学会如料想般的一样内容贫乏。亚里士多德构想了一个命题形式的概念，并认为演绎推理是借助于这种命题形式而进行的，从而创立了这门科学。但是，他把命题局限为四种形式，即现在所说的 A、I、E、O。只要逻辑学家们无法摆脱这种不幸的限制，就不可能取得真正的进步。而且，在他们的形式理论中，亚里士多德和之后的逻辑学家都非常接近逻辑变量的理论。但正如科学史告诉我们的一样，离真正的理论更进一步，和掌握它的正确应用，根本不能混为一谈。任何重要的事物早在被发现之前，就已经被某人提及。

另外，逻辑推理不是很明显的原因之一在于，逻辑形式不是一个会走进我们思维当中的常见主题。在某种习惯性联想的指引下，常识性推理可能会受盲目本能的影响而从一个具体命题移至另一个具体命题。于是，在丰富的材料面前，常识败下阵来。

一个更为重要的问题是基于观察的归纳法与推理逻辑之间的联系。传统上，在归纳法的支持者和推理的拥护者之间存在对立。依我来看，这就好比，一条幼虫的两端扭打在一起是情理之中的事。然而，对任何一项值得拥有的知识而言，观察和推理都是必要的。不去求助命题函数，我们无法得到推理法则。例如，以所观察的事实为例：

这种物质是水银，它的比热容是 0.033 cal/g℃。

命题函数由此形成：

或者 x 不是水银，或者它的比热容是 0.033 cal/g℃。

推理法则就是，假设一般性命题是真命题，即以上命题对每一个在相关类型中的 x 值来说都是真的。

但我反对这个过程及其结果太过简单，这会导致结构复杂的科学不够合理。同样，一个英国水手只有在航海时才能认识盐海。那么，精密分析海水的化学成分有什么作用呢？一般的回答是，你对经常使用的方法通常不会了解太多；特殊的回答是，逻辑形式和逻辑含义不会如此简单，数学的全部内容才是这一作用的根据。

学习逻辑推理的一大用途不是在精密推理领域，而是去指导我们学习如何形成科学中的主要概念。以几何学为例，构成空间的点有哪些？欧几里得告诉我们，无点，无大小。科学来源于感知，但是，点的概念是如何从感知发展而来的？当然，点不是感觉的直接释放。我们随处可以看到或感觉到能让人联想到点的事物。但这是一个不常见的现象，当然它也无法证明空间是由点构成的这个说法。我们对空间性质的理解不是以观察各点之间的关系为基础的。它源于对物体间关系的体验。现在，物体之间一个基本的空间关系就是一个物体可能是另一个物体的一部分。我们想把“整体与部分”的关系定义为：部分所占据的点是整体所占据的点中的一些。但是，这个定义真的是迂回而有缺点的，因为“整体与部分”的概念要比“点”的概念更基础。

于是，我们会提出这样的疑问：是否可以给出有关“存在于空间的整体与部分”的其他定义？我认为，是可以这样做的，尽管我一旦犯错，它对我的一般性论证来说就无关紧要了。我们已经得出结论，一个扩大的物体只不过是根据所有真实或想象的知觉感受而获得的感知类型。当然，除了把它们恶意地说成是物体的感知之外，我在这里没有给出的定义不是任何一种感知类型，而是某个特定的明确种类。现在，对某个物体的某一部分的感知包含在构成整个物体的感知当中。因此，两个物体 a 与 b 都是感知类型；当 b 类型包含在 a 类型时，b 就是 a 的一部分。根据这个定义的逻辑形式，我们可以直接得出“若 b 是 a 的部分，c 是 b 的部分，那 c 就是 a 的部分”。由此可知，“整体与部分”的关系是有传递性的。而且，有助于我们理解这个观点：物体是其自身的部分。这仅仅是你如何下定义的问题。在此条件下，这种关系是具有自反性的。最终得出，如果 a 是 b 的部分，b 是 a 的部分，那么 a 和 b 一定是完全相同的。这些“整体与部分”的特性不是全新的命题，它们是由我们定义的逻辑形式得出的。

如果我们假定空间具有无穷无尽的多样性，那就必须做这样的一种假设：每个被延伸的物体的感知类型含有不同于自身的其他被延伸的物体的感知类型。这个假设草拟了一个相当庞大的假设感知理论。除了你以某种形式定制的几何外，几何学就会消失殆尽。这个假设不是我的解释独有的。

把点引入几何学中的好处就是，可以从逻辑上简单表达它们的相互关系。对科学来说，定义的简单化微不足道，但相互关系的简单化至关重要。此项法则的另一个例子就是，物理学家和化学家们把延伸物体这样一个简单概念，如，椅子这样一个为孩子所知的概念，分解为一个令人困惑的概念，这个概念宛如一首由分子、原子、电子和光波所构成的复杂舞曲。由此，它们得到了含有更简单的逻辑关系的概念。

这样设想的空间是对外在空间的特性进行的精确构想，它属于一个常识性的经验世界。它不必成为物理学家认识空间的最佳模式。一项基本要素就是，空间里的常识性世界和物理学世界之间存在明确的、相互的一致性。

现在，我将停止阐述与自然现象科学有关的逻辑函数。我已经努力证明了它是一项组织原则，分析了如何从即时现象中衍生概念，检验了作为假设性自然法则的一般性命题结构，奠定了它们在互惠含义上的相互关系，推理出我们在既定环境下所期待的现象。

逻辑，如果被合理运用，是不会束缚思维的。它赐予我们自由，最重要的是勇敢。不合逻辑的思维难以得出结论，是因为它永远都不知道自己的内在含义，也不知道它的假设是什么，也不知道这些假设可信度是多少，以及改变假设将产生的影响是什么。而且，在与当前主题相关的那部分构造性逻辑中，未经训练的思维会忽略这种从各种不同假设中得出的结论，并在深入研究归纳法则时变得相对迟缓。这种相关逻辑的基本训练无疑就是，通过直接观察积极思索已知的案例事实。但是，在有可能进行精细推理的领域，这种思维活动需要充分地锻炼直接研究抽象逻辑关系的能力。这就是应用数学。

不管是离开观察的逻辑，还是离开逻辑的观察，都不能在科学的形成中前进半步。我们也许会认为，人文学科参与了年轻人和老年人之间两败俱伤的冲突。对年轻人的界定，不是根据年龄，而是根据制作某件东西的创造性冲动。老年人是指那些在万事面前都不想犯错的人。逻辑就是从老年人到年轻人的橄榄枝，而年轻人手中的嫩枝有着创造科学的魔力。

有时，在事实和思维之间会存在一种差异。就自然科学而言，事实就是思维，思维就是事实。即，能影响科学的感觉呈现的事实是那些参与直接理解的思维部分。同样，真正的思想表达，不管是初级，还是中级，都是科学所能解释的事实材料。

区别在于：事实是既定的，而思想是自由的。

第九章　科学概念的分析

一、事　实

自然科学的特点，就是它忽略了所有的价值判断。例如，审美价值或道德价值。它纯粹在就事论事，而我们也必须从这个角度来解释那句铿锵有力的话："人类，既是自然的仆人，又是自然的主人。"

因此，对于自然科学而言，留给人类的思想领域就会更加宽泛。它将包括存在论，即，决定一切真实存在事物的本质；换句话讲，就是形而上学。从抽象的观点来看，把形而上学的探究排除在外，实在可惜。这类探究是对科学价值的必然性批判，将告知我们它的最终目的。之所以仔细地将其从科学思维中分离出来，完全是出于对实际情况的考虑；也就是因为，我们会在适当的辩论之后对科学达成一致意见——然而，有关形而上学的辩论却会加深我们的不同意见。在文明思想出现的早期阶段，人类不曾预料有关科学和形而上学的这些特点。古希腊的智者们认为，形而上学早于自然科学，他们常常从事物本质的先验概念中演绎科学规律。受到丰富的自然主义影响，以及对直接感知的热爱，他们受困于这一灾难性的趋势当中。中世纪的欧洲有着同样的趋向，但却未曾深陷其中。或许，遥远的代际会就存在论的问题达成一致结论，而科学的进步可能会产生根深蒂固的对立的思想脉络，这些思想脉络既无法达成一致，又难以摒弃。在这段时期，形而上学与自然科学将互换角色。与此同时，当我们发现这些例子时，我们必须接受它们的存在。

但仍然存在一个问题。如果人类不能初步确定科学是什么，那么我们如何对科学思维达成一致呢？要想解答这一问题，就必须分析形成科学活动领域的那些事实。人类能感知，并且发现自身也在思考这些通过感知所获得的意识。重要的是思考，而不是未经思考的感知部分。当形成直接判断——喂，红色时——重要的不是我们是否能想象，在其他环境中——更好的环境中，或许——这个判断就是——喂，蓝色——或者甚至——喂，什么都没有。在那时，对所有的目的和意图来说，它就是红色。而其他的一切判断都是假设性重建。自然科学的领域便是由这些最初的想法，以及对这些想法的思考所构成的。

然而——为了避免混淆——上述关于初始感性想法的例子被错误地简单化了。“喂，红色”并非真正的初始感性想法，即便它经常是人们首先想到的，甚至可以在脑海里无声地找到合适的言语表达。万物之间必有联系。对红色的感知，就是去把一个红色物体与感知意识的全部内容联系起来。

空间关系就是这类关系中最好分析的一种。再说，红色物体在直接感知中完全就是一个红色物体。最好把它称为一个“发红的物体”。因此，“喂，那有一个发红的物体”是更为接近直接感知性判断的表述。然而，我们的确省略了其他更为复杂的构想。

在科学分析中，错误的简单化，使得一般概念过于抽象化和普遍化，这一倾向源于更早的形而上学时期。它产生于一种无须言明的信念，即：我们正在竭力用合适的形容词来描述真实存在的事物。依照我们所想的这种倾向，“这个真实的物体是红色的”。然而，我们的真正目标是通过相互关系来明确地描述对可见事物的感知。我们所感受到的是红色与可见事物的关系。我们的目标是分析它们之间的关系。

科学的目标之一，就是对想法的协调，也就是，要确保逻辑相反的观点不会成为意识的思维表达。而另一个目标就是，扩大这种一致的想法。

一些想法直接来源于感觉的呈现，是感知意识的部分状态。这样的想法，就好比“那儿有个一红色的物体”。但一般来说，这种想法没有用言语表达出来，而是对存在于意识内容当中的特性与关系的直接理解。

在这类思想中，从不缺乏和谐。因为直接理解存在于它的独特本质里，不可能把一个物体既理解为红色，又理解为蓝色。因此，有可能做出这样的判断：如果意识的其他部分已经发生了变化，那就可能将其理解为一个蓝色物体。那么，在特定的环境下，最初的理解将被称之为错误。要不是事实的存在，就会将其理解为一个红色物体。

我们所说的感觉呈现，初级思维是感知活动的根本。但是，既有和这些思想有关的思维，也有源于其他思想的思维。这些就是中级思维。在这一点上，我们就能很清楚地区别真正的思想表达，即，真正的判断，以及作为假设性思想表达的单纯命题，即，想象中可能的思想表达。值得注意的是，全部意识的真实思维内容既没有得到清楚的确认，也没有得到明确的否认。它只是在说，什么是思想。因此，“认为”二加二等于四，不同于“证明”二加二等于四。前者命题是思想表达，后者，对该命题的证明才是思想表达，而且这个命题已经降级到一个单纯的命题，即，一个需要仔细思考的假设性思想表达。

有时，在事实和思维之间会存在一种差异。就自然科学而言，事实就是思维，思维就是事实。即，能影响科学的感觉呈现的事实是那些参与直接理解的思维部分。同样，真正的思想表达，不管是初级，还是中级，都是科学所能解释的事实材料。

区别在于：事实是既定的，而思想是自由的。当然，这种区别也不是绝对的。我们可以选择和调整自己的感觉呈现，为的是，事实——从更为狭隘的角度对感觉呈现进行直接理解——在某种程度上服从于我们的意愿。再说，明确的意愿仅能部分地影响我们表达思想的倾向。我们可以选择自己的亲身经历，可以发觉自己正在思考；即，一方面，我们可以选择迫切需要的那种感觉，另一方面，意识的思维内容（就中级思维而言）不都是由意愿的选择构成的。

因此，从整体上说，存在大范围的中级思维和感觉呈现的初级思维，它们有着既定的类型。那就是我们思考事情的方式，这种方式并非完全出于对抽象必要性的考虑。据我们所知，这是因为我们从一个环境中继承了这种方法。这是我们找到自己想法的方式。只有通过不懈的努力才能从根本上把这种方式保留住一段不长的时间。这就是我所说的“常识性思维的全部机制”。

这就是科学中所假设的思想体系。它是一种思考方式而不是一组公理。事实上，常识告诉我们，它是一组有助于整理人类经验的观念。它在细节上得到了调整，但从整体上得以呈现。科学解释的就是要寻找与自然有关的概念和命题，因为这些概念和命题可以阐明常识性概念的重要性。例如，一把椅子是一个常识性概念，分子和电子解释了我们对椅子的观察。

现在，科学的目的是协调我们的反思性思维和衍生性思维，其中的初级思维参与了感觉呈现的直接理解。它的另一个目的，就是生成这种在逻辑上紧密相关的衍生性思维。这就是科学理论；我们所要达成的和谐就是让理论与观察相一致，即，实现对感觉呈现的理解。

因此，有一个双重的科学目标：（1）得出与经验一致的理论。（2）至少在科学的主要框架内解释自然的常识性概念。这种解释在于保留由和谐思想构成的科学理论中的相关概念。

无人断言，这就是过去的科学家们想要实现或可以实现的目标。但我们认为，作为科学努力的真实结果，人类已经获得了一些取得成功的方法。简而言之，我们在此讨论的是概念的自然历史，而不是科学家们的意愿。

二、物　体

我们在空间中感知事物。例如，狗、椅子、窗帘、瀑布、狂风、火焰、彩虹、铃声、气味和疼痛。我们可以从科学的角度来解释这些感知的起源。我们用分子、原子、电子及其相互关系的方式做出解释，尤其会借助它们的空间关系，以及这些通过空间进行传送的空间关系的干扰波。这种科学解释的主要构成——分子等——是一种不能直接被感知到的物体。例如，我们无法感知到光波；视觉感知就是一段时间内无数光波冲击碰撞的合成效果。直接感知的物体相当于物质世界中的一系列事件，这些事件通过一段时间得以延长。这个观点，组成同一个物体的分子是相同的，是不正确的。若干年后，我们会认出同一只猫，但我们却与不同的分子构成联系。

而且，忽略一时的科学解释，被感知的物体就在很大程度上成了我们想象的推测。当我们认出那只猫的时候，我们就会认为猫见到我们很开心。但我们也只是听到它的喵喵声，看到它弓起后背，感觉它正摩擦着我们。所以，我们必须分清众多直接的感觉对象与单一的间接思维对象，也就是与这只猫之间的关系。

因此，我们所说的自己感知到了猫，理解了它的感受，是指我们听到了一个感觉对象的声音，看到了一个感觉对象的影像，感受到一个感觉对象的抚摸，我们在思考一只猫，并想象着它的感受。

感觉对象与时间关系和空间关系相互依存。我们通过思考把那些在时间上和空间上同时存在的感觉对象组合起来，就形成了对一只猫的感知。总的来说，这种组合感觉对象的能力是一种本能的直接判断力，并且不涉及推理过程。有时，只会出现一种感觉对象。例如，我们听到喵喵声，就说在房间里一定有只猫。通过深思熟虑的推论，我们的思维从一个感觉对象转到一只猫的身上。甚至感觉对象的同时存在也可能激起这样一种自我意识的努力。例如，在黑暗中我们感受到某个物体，听到来自同一个地方的喵喵声，然后会想，肯定是只猫。视觉影像就更为直白了，当我们看到一只猫的时候，就不会进一步思考了。我们确认这个视觉影像与猫有关，然而猫和喵喵声却是分开的。但这种对视觉对象的直接辨认与思维对象可能会产生错误；是鸟儿在啄食阿佩利斯①的葡萄。

一个单一的感觉对象是一个复杂的实体。灶台上的一块瓷砖的视觉对象，当我们以固定的光线、不变的位置进行观察时，可能会始终保持不变。尽管那样，随着时间上的延续，它也会在空间内不断消耗。同时，它会有点独断专行地不同于自身所在部分的更大整体。但是，瞥一眼火光，换个位置，视觉对象就不一样了。我们判断瓷砖的思维对象保持不变。火上煤的视觉对象逐渐发生改变，尽管在短时期内它仍然不变。我们判断煤的思维对象正在发生变化。火焰永远都不一样，它的形状是唯一隐约可辨的特征。

我们推断出，一个单一的自我同一的视觉对象早已成为思维的幻想。当我们在固定的光线下保持不动时，想一想那片没有发生变化的瓷砖的视觉对象。现在，某个时刻被感知到的感觉对象与另一个时刻被感知到的感觉对象是不同的。因此，我们在午时所看到的瓷砖就不同于 12 点 30 分所看到的瓷砖。然而，不存在这种顷刻间的感觉对象。当我们盯着那块瓷砖看的

① 阿佩利斯（Apelles），古希腊名画家。以肖像画而著名。《阿弗洛狄忒从海中升起》是他最著名的题材画。据说阿佩利斯曾是亚历山大大帝的宫廷画家。但他的作品没有留存下来。

时候，一分钟、一秒钟或十分之一秒早已过去：在本质上存在一段持续的时间。有一连串视觉影像，而我们能辨识出它的组成部分。但是各部分也是一串串的，而只有在思维中一连串影像才会分割成一系列的组成部分。这一连串的视觉影像可能是“稳定的”，就好比不变的视觉瓷砖一样，也或许是“混乱的”，就好似看了一眼火焰。无论是哪一种情况，一个视觉对象就是这一连串视觉影像中有点主观的一小部分。

再说，形成一系列视觉上的瓷砖的一连串视觉影像只是视觉呈现的全部影像中一个可以辨别的部分。

所以，最后我们认为自己都在经历感觉呈现的一个完整的时间流动（一连串感觉呈现）。这种流动区分为各个部分。差异的根源在于感觉的不同——感觉类型的不同，同一种感觉中性质与强度的不同——以及时间关系的不同和空间关系的不同。此外，各部分不存在相互排斥，它们共生在没有界限的多样化之中。

各部分间的时间关系引出了记忆和识别的诸多问题，然而，将这些主题放在这里讨论就太过复杂了。但正如以上所陈述的那样，我们必须承认自己是在连续的时间而非瞬间之中生活，也就是说，现在在本质上占据了一段时间，而记忆与直接呈现不可能一样重要。因为伴随我们的总是消退的现在，现在总会变成即刻的过去。我们的意识范畴既不是单纯的记忆，也不是单纯的直接呈现。无论如何，记忆都是意识中的一种呈现。

另一点需要注意的与记忆有关。我们无法直接感知当前事件与过去事件间的时间联系。当前事件只与过去事件的记忆有关。然而，一个过去事件的记忆本身就是意识中的现在部分。我们坚持的原则是，可直接比较的关系仅可能存在于意识的各部分间，存在于感知出现的现在。感知各部分间的其他所有关系都是可以推论的结构。因此，有必要解释差异是如何在一连串的事件中确立自己的地位，可见世界是如何避免瓦解为一个单一的现在的。当我们观察到现在本身就是一段持续的时间时，难题就得到了解决，因此，现在包括被直接感知到的时间关系，这些关系存在于现在发生的事件之间。换句话说，我们把现在放置在与过去和将来同样的立足点上，将先前和之后发生的事件包含进去。所以，在这方面，过去、现在和将来的确是相似的概念。继而会有两个事件 a 和 b，二者都发生在现在，但事件 a 将被直接感知为先于事件 b 发生。而且随着时间的流逝，事件 a 也将退居至过去，在全新的现在时段中出现事件 b 和事件 c，事件 b 早于事件 c，而在相同的现在时段中还存在着对 a 和 b 时间关系的记忆。那么，通过可推论性构建，我们可以得出：发生在过去的事件 a 早于发生在当前的事件 c。根据这一规律，意识中各部分的时间关系，虽然没有发生在同一个现在，但也得到了确认。这里所解释的程序方法是我们将要称之为“会聚原则”的首个例子。这是我们心理构建的基本原则之一，根据这项原则，我们构建了外部物质世界的概念。后文还会涉及其他事例。

各部分的空间关系既令人困惑，又起伏不定，总的来说，它缺乏清楚的准确性。要想集中精力于去思考这些具有相互关系的部分，且运用我们的智慧足以简单理解，关键在于运用聚合原则减少内容并使其得到简化。我们将其称为“会聚原则”。这项原则扩及感觉呈现的全部范围。

会聚原则首先运用在了时间问题上。时间越短，它所包含的感觉呈现就越简单。改变所产生的令人费解的后果就会减弱，甚至在一些情况下会被忽略。自然限制了我们设法理解现在内容的思维活动，时间短到足以让这种静止不变的简单朴素凌驾于连续感觉的更大部分。

在短时间的近乎不变的感觉世界里，空间关系开始得到简化。把这个静止的世界进行划分，划分的每一部分都是由受到限制的空间内容所构成，这样，我们就可以进一步地简化空间关系。各种不同的部分也因此获得了更为简单的交互性空间关系，并且再次印证了会聚原则的观点。

最终，通过划分在时间和空间上受到限制的各部分，我们进行了最后一次简化，而被进一步简化了的部分在感觉类型、感觉的性质和强度等方面都具有同质性。对限制领域进行这三步处理，最后就得到了我们上面所讲的感觉对象。因此，感觉对象就是利用会聚原则进行积极区分的结果，是在感觉呈现的全部过程中寻求关系简化的结果。

感知的思维对象是一项基本的自然法则，即，客体稳定性法则的例证。它是关于感觉对象一致性的法则。这项稳定性法则可以应用于时间和空间的问题上；同时，还必须结合其他法则加以运用，感觉对象就是由会聚至简单的原则衍生而来的。

我们可以从以下特点对一连串感觉呈现中的某些综合部分进行区分：（1）感觉对象，如果同属于一种单一的感觉，且包含在任何一种感觉呈现的综合部分，那么，它的时间演替都是由非常相似的对象构成，而对这些对象所做出的调整只是在逐步加深，因此，它在综合的流动过程中，形成了一个同质性的组成部分。（2）那些综合部分中（不同感觉）的感觉对象在足够短的时间内受到了限制，而就我们对它们的明确理解来看，是完全一样的。所以，将这些不同却具有同质性的组成部分结合起来，构成了感觉呈现中所有的综合部分。（3）还会出现其他与综合部分相结合的感官呈现，而由其他相同的综合部分所衍生的原则可能会决定它的综合部分，具有其他的时空关系，前提条件是两种综合部分极为相似。我们将这些综合部分称为“相关的感觉呈现”。这部分的感觉呈现被视为一个整体，在此被称为“首个粗略的感知思维对象”。

例如，我们盯着一个橘子看了半分钟，握住它，闻闻它，注意到它在水果篮内的位置，然后转过脸去。在那半分钟内感觉呈现的连续过程是首个粗略的感知思维对象。我们认为水果篮支撑了橘子，这一思考就在相关的感觉呈现之列。

将短时间内感知到的各类感知对象联系为首个粗略的感知思维对象，基本条件是它们的空间关系具有一致性，也就是，这种关系或许仅被模糊地理解为大致接近一致。因此，一致的空间关系把感觉对象联系为首个粗略的感知思维对象，不同的空间关系使会聚的感觉对象分离成首个原始的感知思维对象。就某类感觉对象而言，这种联系或许是缺乏任何推理的直接判断，以至于最初的感性思维成为首个粗略的感知思维对象，而不相关的感觉对象则成为对记忆进行反思性分析的结果。例如，视觉的感觉对象和触觉的感觉对象在初级思维中常被视为彼此相关，但在中级思维中却被视为彼此分离。但有时，这种联系是摇摆不定的，比如，猫的喵喵声的声音对象和猫的视觉对象之间就存在着不确定性。因此，部分的感觉认知联合为首个粗略的感知思维对象，它之所以能够感知短时间内猫的存在，是因为这段时间的感觉认知发生在同一地点，但公平来讲，是因为它们同属于一个地点、一段时间的猫。分析在任何短暂的现在时间内所发生的全部感觉呈现，继而研究首个粗略的感知思维对象，只是部分符合现实情况。原因之一就是，许多感觉对象，以听觉为例，有着模糊不清的空间关系，比如：我们模糊地把那些空间关系同我们的感觉器官联系起来，并模糊地认为它们（在科学解释上）由那些最初的空间关系出发继续向前发展。

在将半分钟的橘子详细描述为一般概念的橘子的过程中，还涉及另外两个原则，即：会聚原则和假设性感觉呈现原则。

此处运用的会聚原则，采取了以下形式：第一个粗略的感知思维对象虽然存在差异，但都被认作为一种感知的思维对象，前提条件是，形成这些思维对象的部分流程十分相似，它们出现的时间各不相同，相关的感觉呈现足够相同。

例如，我们在离开橘子后的五分钟回来。呈现给我们的就是一个全新的原始的感知思维对象，不同于我们之前体会到的半分钟的橘子，即使它还在同一个水果篮内。我们把这两种有关橘子的感觉呈现会聚为同一个橘子。通过这种会聚，我们获得了“第二个粗略的感知思维对象”。但无论我们借助这种会聚原则继续前进多远，这只橘子都不止如此。例如，当我们说“如果汤姆没有吃掉那个橘子，那它就在橱柜里”的话时，我们做何想法。

现实世界远不止一连串感觉呈现。我们发现自己有情感、意愿、想象、概念和判断。没有哪个进入意识里的要素可以单独存在。我们正在分析感觉呈现和其他意识要素间的特定关系。到目前为止，我们仅仅思考了概念和判断这两种要素。要想完成对橘子的认知，想象必不可少，即，假设性感觉呈现的想象。争论我们是否应该具备这样的想象，或者讨论什么才是关于想象所符合的现实的超自然真理，统统都是离题之举。在此，我们仅关心，这种想象确实存在，且基本开始形成感知思维对象的概念，这些概念可以作为科学的首要数据。我们把橘子视为感觉呈现的一件永久收藏，就好似一个真实部分存在于我们的意识里，但事实并非如此。所以，这个橘子被想成待在橱柜里，有自己的形状、气味、颜色以及其他特征。也就是说，我们想象出感觉呈现的假设性可能，认为它们想要作为一种非物质的实际存在探寻在意识世界的真实性。我们的概念就是科学的基本事实；就自然科学而言，此概念的内涵在现实的形而上学方面毫无科学意义。

以这种方式所得到的橘子就是感知的思维对象。

我们必须铭记，在感知思维对象的形成过程中所产生的判断与概念主要是一些本能性判断和本能性概念，我们在采纳它们之前并未对其进行有意识地寻找或批判。之所以采纳它们，这与对未来的期待密不可分，我们期望将假设逐步变成现实，并且进一步判断其他意识的存在；我们可以由此判断，对某种意识来说的假设性判断对其他意识而言将是真实的。

实际上，感知的思维对象就是用来清楚解释我们的反思意识关系的一种手段，这类关系存在于感觉呈现的全部过程中。考虑运用这一手段丝毫没有问题；它是创建常识思维的整体结构的基石。然而，当我们考虑到它的应用具有局限性的时候，就出现了令人不解的迹象。我们的感觉呈现中一个巨大的部分可以被解释为各种持续性思维对象的感知。但在任何时候，我们都不大可能用那种方法对感觉呈现进行完整的分析。视觉容易适应这一结构，但它可能会受到阻碍。例如，想一想镜子中的映像，一半在水中一半在水外的明显弯曲的木棍，彩虹和闪耀的光斑等许多相似的现象，它们都隐藏了自己的本体。声音更为复杂，它在很大程度上倾向于摆脱这些对象。例如，我们看到了铃，但同时也听到了它所发出的声音；然而，我们会说自己听到了响铃。此外，牙痛大部分是自发的，只是牙齿神经的一种间接性感知。可以从每种感觉类型出发积累有着相同效果的事例。

另一个难题产生于事实的改变。思维对象被视为一个整体，在每个瞬间都是完全真实的。但肉被买走之后就被烹饪了，草生长再枯萎，煤炭在火中燃烧，埃及金字塔多年保持不变，即使它并非完全不变。我们仅仅通过为这个假定的逻辑谬论附加一个专门的拉丁语名称，就能规避这一变化中的难题。一块肉在稍微烹调之后仍然是肉，但在烤箱里烤上两天就会变成炭渣。那这块肉是在什么时候消失的呢？此时此刻，思维对象的主要应用就是这样一个观念：当前把事物看作一个整体，之后对其进行辨认。这一观念足以很好地适用于短时间内的大多数事物，以及长时间内的一些事物。但我们完全不接受用概念来解释感觉呈现的整体意义。

现在，让我们进入解释的反思领域，也就是科学。

通过运用会聚原则可以立即清除大部分的困难。我们习惯让思维对象过大；我们应该从更小的部分进行思考。比如，斯芬克斯[1]因为鼻子受到缺损而发生改变，但通过合理的调查，我们能够在西欧或北美的某个私人住所找到它的丢失部分。因此，不管是斯芬克斯的剩余部分，还是它的残缺部分，都恢复了它的永久性。此外，我们可以通过认知很小的部分来扩充这个解释，从而在最有利的情况下观察它们。这是会聚原则在自然中的广泛运用；然而，经过明确观察的历史充分支撑了这一原则。

所以，感知思维对象的改变主要被理解为将自身的感觉思维对象分解为更小的部分。在文明人类的共同思维中被预先假定的感知思维对象几乎都是假设的。物质世界大体上是一个想象的概念，而想象靠的是直接性感觉呈现的微弱基础。但它依然是个事实；因为它就是那个我们真正所想的事实。因此，它在我们的意识里是真实的，就如同意识里的感觉呈现也是真实的一样。进行反思性批判的目的，是让这两种在我们意识里的因素认同它们之间的相互关系，即，把我们的感觉呈现理解为假设性感觉思维对象的真正实现。

大规模地运用这些纯假设的感知思维对象，使科学能够解释一些偏离主题的感觉对象，我们无法将这些对象解释为对一个感知思维对象的感知，例如，声音。但作为整体的现象藐视

① 著名的斯芬克斯（sphinx）狮身人面像位于今埃及开罗市西侧的吉萨区，在哈扶拉金字塔的东面，距胡夫金字塔约350米，身长约73米，高21米，脸宽5米。据说这尊斯芬克斯狮身人面像的头像是按照法老哈夫拉的样子雕成，作为看护他的俑住地——哈扶拉金字塔的守护神。

了对这些方法的解释，直到对其进行更为基础的说明，改变了物质世界的整体概念。也就是说，感知的思维对象被科学的思维对象所取代。

科学的思维对象是分子、原子和电子。这些对象的独特性在于，它们摆脱了能够在意识中直接进行感觉呈现的特性。我们只能通过与其相关的现象来了解这些对象，即，通过这一系列的相关事件，这些对象可能由感觉呈现在我们的意识里联系并表现出来。以此方式，科学的思维对象被视为感觉呈现的原因。而关于实体的初级和中级特性的复杂理论，顺理成章地掩盖了由感知思维对象到科学思维对象的转变。

通过这种方法，感觉呈现作为我们对密切影响科学思维对象的事件认知而反映在思维里，它是沟通模糊不定的感觉与清晰明确的思维的基本手段。在思维中，无论一个假设正确与否，一个实体就是它的真实存在，而关于那些被清晰认识到的实体的确切命题可以（在概念上）表达各实体间的内在关系。若不是出于礼貌，我们可以说，感觉认知对这些事物毫无了解。在探究的某个阶段，准确性基本就会不消失。

三、时间与空间

摘要重述。——时间关系和空间关系存在于认识的感觉对象之间。将这些感觉对象区分为单独的客体，是通过认识：（1）感觉内容的差异；（2）除了同时性之外的时间关系；

(3) 除了共存性之外的空间关系。因此，认识在感觉呈现的全部过程中所形成的比较，就产生了感觉对象，即，通过比较它们的关系来认识相关对象。在感觉内容的种类方面，差异极为复杂。在一般概念的指引下分析这些差异，是自然科学的一项永无止境的任务。时间关系和空间关系是相对简单的，而分析所要遵循的一般概念是显而易见的。

时间与空间的简化或许是思维选择它们作为区分对象的永恒基础，它将由此获得的各种感觉对象堆积起来，作为首个粗略的感知思维对象，最终得到一个上文描述过的感知思维对象。所以，一个被认为发生在短暂的现时阶段的感知思维对象，不管是真实的，还是假想的，都可以作为首个粗略的感知思维对象。被限定在短时间内的这种感知思维对象，呈现了它的组成部分在同一时段内的空间关系。于是，在全部范围内所构想的感知思维对象，必须包括彼此间所有存在的时间关系，而且，它的组成部分在任何短时间内都要具备那个时段的空间关系。

这些关系结合在一起，于是，感知思维对象在时间和空间上就被联系起来了。感觉呈现的对象分析，源于我们认识到了感觉对象有着不同的时空关系。因此，根据时间与空间的不同，感觉对象可以被区分开来。

整体与部分。——感觉对象是全部呈现过程中必不可少的一部分。这个作为部分的概念只是在阐述感觉对象与那种意识的整体感觉呈现间的关系。这两种有关时间构成和空间构成的概念也许看似都很基础；也就是说，两种概念都能表达直接呈现给我们的关系，而不是有关概念的概念。若是那样，就不可能进一步界定什么才是真实的呈现。甚至到那时，或许能明确这种呈现发生的一个合理标准。例如，暂时采纳现实主义形而上学的观点去理解自然界的存在，认为它是由原子和电子构成的，那么，把一把椅子设想为在某个确定的时间为某个明确的个体而出现，这个观点基本上就是不确定的。虽然我们每个人都会猜想，在相似的情况下它必定与我们的设想极为相似，但那就是现实主义形而上学的观点。然而，当与他的身体感觉器官有着某些明确关系的可确定性原子和电子出现时，他的身体也会处于某个确切的状态下，从而形成出现这种设想的合理标准，这项标准会被法院接受并通过法律的效力取代设想。

“整体与部分”和“全部与一些”之间关系密切。由此就可以解释大家所关心的直接呈现的感觉对象了。如果没有属于两者之一的第三个感觉对象，我们就说这两种感觉对象是“分开的”。所以，如果（1）B 和 C 是 A 的两部分，（2）B 和 C 是分开的，（3）A 中不存在与 B 和 C 相分离的部分，那么，对象 A 就是由对象 B 和 C 构成。在这种情况下，由对象 B 和 C 所构成的类别 α 经常在思维中被感觉对象 A 所取代。但这一过程预先假定了“整体与部分”的基本关系。相反，对象 B 和 C 可能是真实的感觉对象，而符合类别 α 的感觉对象 A 可能仍然是假设性的。例如，我们生活在的世界仍然是一个概念，而这个概念相当于说，任何时间任何人的意识中都不会呈现单一的感觉对象。

但有可能找到某种认识广大对象间“整体与部分”关系的模式，我们将这种关系构想为“全部与一些”的逻辑类别关系。然而，在这种情况下，此处被构想的扩大的对象不可能是呈现给意识的真实感觉对象。因为如同此处构想的一样，一个感觉对象的一部分是另一个同类的感觉对象；因此一个感觉对象不可能成为其他感觉对象的类别，就像一个茶匙不可能是一类其他的茶匙。在思维中将“整体与部分”的关系降低至“全部与一些”的关系，通常是借助点的方法，即，一个对象的某一部分是由整个对象所占据的某些点构成的。如果有人认为，在他的意识里感觉呈现是对象点的呈现，并且一个扩大的对象仅是思维中聚集起来的一类对象点，那么，这种普通的方法就令人彻底满意了。我们会继续沿用这种模式，前提条件是，这个直接感知到的对象点的概念与事实无关。

在前面的关于“思维的组织”一章里，我提出了另一种模式。但这个方法仅适用于感知的思维对象，不会谈及这里所思考的初级思维对象。因此，必须将其作为一种从属的方法来为接下来的思维阶段做出预估。

所以，时间上的对象点和空间上的对象点，以及时空上的双重对象点，都必须被视为智力建构。基本事实在于，在时间和空间上扩大了的感觉对象，与其他同类对象之间具有整体与部分的基本关系，并且在我们通过一系列相继包含的部分来进行思考的过程中服从于会聚原则。

整体与部分的关系是一种时间或空间的关系，所以这种关系是主要存在于感知的感觉对象之间，而且只能属于感知思维对象的衍生部分。更概括地说，空间和时间关系主要存在感知的感觉对象之间，继而存在于感知的思维对象之间。

点的定义。——现在可以来研究一下时间与空间上点的起源了。我们必须区分的是：（1）感觉时间和感觉空间；（2）感知的思维时间和感知的思维空间。

感觉时间与感觉空间是在感觉对象之间真正被观察得到的时间关系和空间关系。或许除了一些少有的例子之外，感觉时间和感觉空间没有足够的点用来提出逻辑概念；而且，感觉时间和感觉空间是不连续和不完整的。

感知的思维时间和感知的思维空间是存在于感知思维对象之间的时间和空间关系。感知的思维时间和感知的思维空间都是连续性的。我们在这里运用“连续性”的概念意在表明，所有的感知思维对象都必须具有交互性的时间（或空间）关系。

充分利用会聚原则，带给我们的努力成果就是点的产生。在这条原则不适用的范围内，一个点就只是一种直接关注某组感知思维对象间关系的笨拙方式，尽管这组关系是真实的，但就真实的思维对象而言，它（在这个推测中）却没有特别的意义。所以，证实时间上点和空间上点的概念在自然科学中的意义，是向广泛运用这条会聚原则的致敬。

欧几里得将点界定为没有部分和没有大小的图形。在现代语言体系中，经常会把点描述为通过无限期地不断减少体积（或面积）而形成的理想极限。由此构想所得到的点常常被叫作合理的虚构。这么说也许会引起歧义。那虚构指的是什么？如果它是指不符合任何事实的一个概念，那么，理解它是如何在自然科学中发挥作用就存在困难了。例如，虚构一个住在月球上的身穿绿色外衣的红种人，可能永远无法对科学起到重要的帮助，原因很简单——正如我们推测的那样——它不符合事实。我们将点的概念称之为合理的虚构，那就意味着，点的概念必须符合某些重要的事实。那么，我们就有必要在这种有着模糊的暗示性的地方，去解释什么才是这个概念所真正符合的事实。

将点理解为一个理想极限对我们帮助不大。极限是什么呢？极限的概念在级数理论①和函数价值理论②中有着明确的

① 级数是指将数列的项依次用加号连接起来的函数。典型的级数有正项级数、交错级数、幂级数、傅立叶级数等。级数理论是分析学的一个分支；它与另一个分支微积分学一起作为基础知识和工具出现在其余各分支中。二者共同以极限为基本工具，分别从离散与连续两个方面，结合起来研究分析学的对象，即变量之间的依赖关系——函数。

② 价值理论是关于社会事物之间价值关系的运动与变化规律的科学。人对于客观世界的认识分为两大类：一是关于客观世界各种事物的属性与本质及运动规律的认识；二是关于客观世界各种事物对于人类的生存与发展的意义（即价值）的认识。前者就是一般的科学理论，后者就是价值理论。价值理论是人类的科学理论体系中的重要组成部分。由于“对于人类的生存与发展的意义”本身也是事物的一种特殊属性，价值理论是一种特殊的科学理论。

含义；但这些含义都不适用于此。或许我们察觉到了，在极限的一般数学意义有明确解释之前，极限是一个点的概念就属于那些直觉才能理解的概念之一。现在，我们还不好接受这个观点。所以，我们会再次面临这样的问题：当点被描述为一个理想极限时，意味着有什么样的明确特征？接下来的讨论，要尝试着表达与感觉思维对象有关的点的概念，而这些对象是通过整体与部分的关系，既可视为时间关系，也可视为空间关系，被联系在一起的。如果这是首选的话，或许就要思考将讨论的指导方向定为：明确解释在整体与部分的关系中常被使用的概念——“理想极限”。

稍微借助一些符号或许可以让随后的解释更加容易。如，用 aEb 表示“b 是 a 的一部分”。我们无须决定自己是要谈论时间部分还是空间部分，但无论做出哪种选择，都必须紧扣相关讨论。符号 E 可以被视为“encloses”的首字母，所以我们把“aEb”读成“a encloses b。”此外，“E 的范围”是一组包含与被包含的事物，换句话说，由任何事物“a”可以发现 x，所以 aEx 或 xEa。范围 E 中的一部分被称作“包含对象”。

现在假定，未来我们会把这种“整体与部分”的关系称之为“包含”关系，且总是满足如下条件：关系 E 是（1）渐变的，（2）不对称的，（3）它的范围包括其子范围。

这三个条件值得稍做思考；其中只有前两个条件体现出，假设绝对参与了推理。

条件（1）说的是，aEb，bEc，总能得出 aEc。在 aEb，bEc 中可以找到 b 的事实情况可以被视为 a 与 c 之间存在关联。我们会自然而然地把这种关系写成 E^2。于是，现在把这个条件写成：如果 aE^2c，那么 aEc。还可以用其他方式来表达这个条件，即关系 E^2 无论何时存在，都意味着存在关系 E。

条件（2），一部分是单纯的普通定义问题，一部分是有着丰富内容的假设。不对称关系（E）是指，aEb 和 bEa 永远不会同时存在。这一性质可分为两部分：（1）不会出现 aEb，bEa 和"a 不同于 b"的例子，（2）不会出现 aEa。第一部分是个内容丰富的假设，而第二部分（依我们来看）沦为了普通的惯例，在这个惯例中，我们不会把一个对象视作自身的部分，但会关注那些"合适的部分"。

条件（3）是指，如果 aEb 成立，必然找到 c 使得 bEc。这个条件，结合我们只考虑合理部分的事实，明确肯定了在空间和时间上得到扩展的对象具有不确定的可分性。

一个不可分的部分将缺少时间上的连续性和空间上的延展性，因此，它在本质上是一个有别于可分的部分的实体。如果我们承认这种不可分的部分是唯一真实的感觉对象，那接下来我们要做的就是不必要的阐述了。

我们会发现，因为存在有关无限选择理论的逻辑困难，所以，有必要增加一个条件。但我们无须进一步讨论抽象逻辑很难思考的问题。因为这样做的结果会是，除了假设之外，我们不能证明包含着无限对象的集合存在，这些集合在这里被称之为点，我们很快就会对其做出解释。

现在就来思考一组这样的包含对象：（1）它的任意两个部分都是，一个包含另一个；（2）没有哪个部分可以被其他的所有部分包含；（3）不存在包含对象，即，这组对象中没有哪个部分是被本组中的每个部分所包含的。我们将这样的组合称之为一组“会聚性的包含对象”。当我们沿着从较大部分到较小部分的序列前行时，我们就很明显地朝着自己想要接近的程度会聚，从而达到一种理想的简化。而且，作为一个整体的序列体现了接近路径所通往的完整目标。事实上，这个序列就是一条接近的路径。

我们现在必须查明的是，这种会聚原则是否有望为每一条这样的会聚路径提供同一类型的简化。答案正如我们所能预料到的，这取决于要被简化的事物的本质特征。

比方，想想它在时间上的运用。当前，时间是单向度的，所以，当通过适当的条件来表达这个单向度的特点时，一组被视为大致路径的会聚的包含对象，必须展示一个独特瞬间的特征，如同欧几里得定义所普遍设想的那样。因此，不管在时间上应用会聚原则可以达到什么样的简单化，它都必须体现在这种大致路径的特征当中。

对空间而言，有了不同的考量。因为空间是多维度的，所以，我们能够说明的是，不同会聚系列的包含对象，象征着不同的接近路径，体现的是向不同种简单化发展的会聚系列，相对其他系列更为复杂。

例如，思考一个长 h 英尺、宽 b 英尺和高 c 英尺的矩形盒子。现在，令 h 和 b 保持不变，让中心面（长 h，宽 b）始终垂直于高，再使 c 无限减少。我们就能获得一个由无限多盒子组成的会聚系列，且没有最小的盒子。因此，这个会聚的系列体现了接近简单化类型的路径，它表现为一个长 h、宽 b，且没有高的平面。

此外，如果令长 h 的中心线保持不变，让 b 和 c 无限地减少，这个系列就会会聚成一段长 h 的直线。

最后，令唯一的中心点保持固定，让 h、b 和 c 无限地减少，这个系列就会逐步会聚成一个点。

另外，到目前为止我们还没介绍一个可以防止由空间中的分离碎片构成一个包含对象的概念。所以，我们可以简单地想象一个趋集于一点的集合，这个集合聚集了空间内大量的点。例如，此集合内的每个对象可能是由两个以 r 为半径，A、B 为圆心的毫无重叠的球体构成。再使 r 无限减少，A、B 保持固定，我们就会得到点 A 与 B 的一对集合。

现在仍要思考的是，仅通过运用以包含关系为基础的概念，如何将那些趋集于一点的集合与其他所有的同类集合区分开来。

让我们用希腊字母来命名这些趋集于一点的集合。沿着任何同类的集合“向前”推进，能让我们理解，这个集合的形成是从较大的包含对象过度为较小的包含对象的持续过程。

如果集合α的每个要素都包含集合β的某些要素，那就可以说，集合α包含集合β。我们注意到，如果一个包含对象x包含β中的任意要素（y），那么，由y开始沿着β向前推进可以发现，β中最后面的每个要素都必须被x包含。所以，如果α包含β，α中的每个要素就包含β中后面的每个要素，起点为β中的最大要素，而这个要素也被α中的那个要素包含在内。

有可能两个趋集于一点的集合包含彼此。例如，令一个集合（α）是一组趋集于一个中心点A的同心球体，另一个集合（β）情况相同，是一组趋集于同一中心点A的同心立方体。那么，α和β将相互包含。

我们将这两个彼此包含的趋同集合称为“相等”。

那么，如果每个会聚性集合都被与其相同的集合包含，那它就是保证集合α具有会聚类型的点的充分条件，即，如果“α包含β”总能推出“β包含α”，那么，α就是一个趋集于一点的集合，具有准确的会聚类型。

借助一些简单的例子，我们可以很容易地看到，形成点、线、面的其他会聚类型不可能具备这种特征。比如，想想前面所列举的三组矩形盒子的会聚集合，它们分别趋集于一个中心面、中心面上的一条中心线和中心线上的中心点。第一组集合包含第二、三组集合，第二组集合包含第三组集合，但没有哪两组集合是完全一致的。

更难确定的问题就是，同样需要这里所说的条件，是否足以保证准确的会聚类型。这个问题取决于感知思维对象所具备的精确界限距离详细阐述准确的空间数学概念多远。如果认为它们具有这样的明确界限，就得考虑在这种界限上趋集于点的会聚集合。于是，就有必要对这些精确无误的条件进行更为复杂的特殊化处理，在此将不予考虑。

然而，这种涉及准确空间概念的严密计算看似不属于真正的感知思维对象。事实上，一个精确的界限属于思维由感知思维对象到科学思维对象的过渡阶段。这种从直接呈现的感觉对象到感知思维对象的过渡，是由历史上摇摆不定的思维路线产生的。这里划出的明确阶段可以完全地证明，用逻辑来解释这种过渡是可能的。

我们由此认为，上述提出的条件，即，它可以保证一组趋集于点的包含对象具有准确的会聚类型，是充分必要条件。

可以证明的是，如果两组包含对象的会聚集合都与第三组集合相同，那这两组集合也都彼此相同。现在，思考任意一个准确的会聚集合（α），我们想把“点”界定为，α 是以中立于 α 和所有与 α 相同的会聚集合间的某种方式接近此点的路径。这些集合都是接近同一“点”α 的路径。如果我们将点界定为所有包含对象所构成的类别，而这些包含对象既属于 α 又

属于任何与 α 相同的会聚集合，这个概念就是可靠的。让 P 作为这个包含对象的类别。那么，完全选自类别 P 中要素的包含对象所构成的任意会聚集合（β）必须和原来的准确集合 α 一样都是接近同一点的路径。即，假如我们在 β 中选择一个足够小的包含对象，我们就总能在 α 中找出包含它的一个要素；假如我们在 α 中选择一个足够小的包含对象，我们就总能在 β 中找出包含它的一个要素。因此，P 仅包括那些具有准确类型的会聚集合，以及表现为任意两个选自 P 中的会聚集合趋同于一致结果的接近路径。

点的使用。——使用点只是为了更好地运用会聚原则。当认为对象被完全限制在空间和时间之内的时候，借助这个原则就能实现某些适当情况下的简单关系。点的引入可以帮助我们将这个原则贯彻到它的理想极限当中。例如，假设 g（a，b，c）代表有关 a、b 和 c 三个包含对象的某种表述，如果这些对象都被完全限制在一定范围内的话，这些表述就有可能正确。让 A，B，C 作为三个既定的点，然后我们限定 g（A，B，C）的含义是，无论选择哪三个包含对象 a，b，c，若 a 是 A 的一个要素，b 是 B 的一个要素，c 是 C 的一个要素，那就总有可能找到另外三个 A、B、C 的要素，即，A 的要素 x，B 的要素 y，和 C 的要素 z，由此可知，aEx，bEy，cEz，以及 g（x，y，z）。因此，通过深入探寻 A、B、C 的末端，我们总能保证三个对象 x，y，z 满足 g（x，y，z）是正确的。

例如，让 g（A，B，C）的意思是“A、B、C 为一条直线上的三点”。必须对此进行解释以表明，无论我们分别为 A、B、C 选择哪三个要素对象 a、b、c，我们总能找出三个对象 x、y、z，也分别作为 A、B、C 的要素，使得 a 包含 x，b 包含 y，c 包含 z，同样，x、y、z 在一条直线上。

有时需要双重的会聚，即，条件的会聚和对象的会聚。例如，想想这句话，“点 A 和 B 相距两英尺”。此时，“分开两英尺”的精确表述不适合对象。对于对象 x 和 y，我们必须将这个表述替换为“x 和 y 间的距离在极限（$2\pm e$）英尺之间”。这里的 e 是我们为这一表述所选择的某个小于 2 的数字。那么，点 A 和点 B 相距两英尺；假如不管我们如何选择数字 e，不管分别作为 A 和 B 要素的包含对象 a 和 b 是什么，我们认为，总可以找到包含对象 x 和 y，分别是 A 和 B 的要素，使得 a 包含 x，b 包含 y，且 x 和 y 间的距离在极限（$2\pm e$）英尺之间。因为我们可以尽己所愿地选出一个小数值 e，很明显，这个陈述明确表达了 A 和 B 相距两英尺的条件。

直线和平面。——但如今还没有对直线与平面的知识构建问题进行充分的解释。我们已经解释了“三个或三个以上的点是共线”的含义，同样知道如何解释“四个或四个以上的点是共面的”意思，这两种情况都是从广大对象的模糊表达中衍生出的明确的几何表达。

这一过程仅仅思考了几组数量有限的点。但我们认为，直线和平面包含了无限个点。通过重新应用会聚原则可以获得这种完整的线或平面，就好像一组首个粗略的感知思维对象被聚集到一个完整的感知思维对象。当某些交错条件得以实现，用这种方法，重复判断几组点的共线性最终就会聚集为所有点群的单一判断，判断它们构成了一个完整的共线点。同理可以判断点的共面性。这一逻辑的聚集过程体现在明确的逻辑分析当中。但这里无须展开。因此，我们认为我们的点被分类为平面和直线，涉及各种各样的几何公理。这些公理，至今仍迫切需要点的概念，它们能够展现对广大对象间关系的较为模糊、不太确定的判断结果。

不包含任何假设对象的空间。——必须注意，到目前为止所确定的点，需要包含感知的思维对象，并且处于由这些对象所占据的空间扩展之内。事实上，这些对象大部分是假设的，而且我们能够利用假设得到充足的对象以完成我们的线和平面的界定。但每一个这样的假设，都会削弱自然科学概念与真实观察到的事实间的联系，这种事实与真正的感觉呈现有关。

奥卡姆剃刀定律“避虚就实”①，并非是单纯以逻辑美感

---

① 奥卡姆剃刀定律是由英国奥卡姆的威廉所提出来的。在他主张的唯名论中，奥卡姆的威廉说到过：“切勿浪费较多东西去做，用较少的东西，同样可以做好事情。”这个定律在 14 世纪的欧洲，剃秃了几百年间争论不休的经院哲学和基督教神学，使科学、哲学从神学中分离出来，引发了欧洲的文艺复兴和宗教改革。而其深刻意义，也在时间的沉淀中变得更加广泛和丰富。用简单的话语来说明奥卡姆剃刀定律就是，保持事情的简单性，抓住根本，解决实质，我们不需要人为地把事情复杂化，这样我们才能更快更有效率地将事情处理好。而且多出来的东西未必是有益的，相反更容易使我们为自己制造的麻烦而烦恼。

为根据的主观性法则。同时，它的应用也不只是限定于对形而上学的思考。我不知道它会对形而上学有效的原因是什么，但它的科学效用十分明显，也就是，每一次使用假设性实体都会减弱这样一个论点：科学推理是思维与感觉呈现相一致的必要结果。假设增加的同时，必要性也会随之减弱。

此外，常识性思维也支持这一观点，即，不要认为所有空间在本质上都取决于填满它的假设对象。我们认为填满空间的是物质对象，但问题是，在地球和太阳之间，星际之间或星际之外，是否存在任何对象。对我们来说，空间就在那里；唯一的问题是，空间是否被充满对象。但这种提问方式预先假设了留空的空间的含义，即，不包含任何假设对象的空间。

这就提出了要更加广泛地使用有关点的概念，就需要更为宽泛的定义点的概念。迄今为止，我们把点理解为对象之间具有象征性的包含关系。于是，我们得到了被界定为“质点”的对象。但现在，我们可以改变点的概念来表明不属于包含对象的可能性外部关系。几何学家们早就知道，这可以通过扩大理想点的概念去实现。

把“质线”界定为共线点的完整的共线性类别。现在，想想包含了特定质点的质线集合。称这样的一组线为理想的点。这组线预示了它的可能位置，实际上，这个位置由所有质线共有的质点占据着。因此，这个理想的点是一个被占据着的理想点。现在，考虑一组由三条质线构成的几何，其中任意两条是共面的，但不是三条都共面。再进一步考虑质线的完整集合，每条都与最初选择的质线共面。有关质线的公理能让我们证明，完整集合中的任意两条线是共面的。那么，根据它的概括性定义，这个集合中所有线包含原来的三条线，形成了一个理想点。这样的一个理想点可能是被占据着的。要是那样的话，这个集合存在一个所有线共有的质点，但它或许没被占据。那么，理想点只能表示空间关系存在的可能性，这些空间关系不是真实的而是假设的。它就是不包含任何假设对象的空间里的点。因此，理想点可能被占据或没被占据，都可视为几何这门应用科学中的点。这些点分布在质线和平面上。但任何对此问题的深入讨论都会把我们带入几何公理的学术论题及其直接结论。以上解释从空间相对理论的角度充分地说明了几何是如何产生的。

按照这样的设想，空间是物质世界的思维空间。

四、力的范围

我们认为，科学的思维对象与本章所提到的思维空间有着直接的联系。它们的空间关系存在于那些由思维空间的点所暗示的关系当中。它们在科学领域的出现只是与常识性思维密切相关的进一步发展过程。

全部感觉呈现的内在关系可以通过感知思维对象的概念在思维中体现。但不是所有的感觉呈现都以这种方式得以体现；

同样，思维对象的改变和消失也会造成思维的混乱。但可以尝试借助具有初级和中级特征的永久性物质概念，减少这一混乱，让思维变得井然有序。最后，这会以中级特征的形式流出，这些特征被描述为由对象所产生的事件感知，但——正如被感知到的——与它们毫无关系。同样，感知思维对象也被原子、电子和电磁波所取代，直到最后，它们不再是被感知到的科学思维对象，而是与其相关的系列复杂事件。如果科学是对的，那么，人类理解的就只有事件，而没有事物。结果，现在许多地区尚存的更古老的哲学语言，一旦与现代科学的概念联系在一起，就完全混乱了。哲学——即，更古老的哲学——认为事物是被直接感知的。根据科学思想，终极之物从未被认识，感知在本质上是由一系列事件所产生的。不可能将两种观点结合在一起。

现代科学概念的好处就是，它能够“解释”感觉呈现的模糊易变的结构。现在，感知思维对象被设想为一个相当稳定的动力状态，由不断变化的一大群分子组成，但保持着一定的同一性特征。同样，我们还能解释那些零散的感觉对象，它们不是被直接给定的感知对象中的一员：舞动的反射光，模糊的声响，味道。事实上，作为完整感觉呈现中的感觉对象或感知思维对象，科学世界中被感知的事件都具有相同的普遍性定义，且缺乏定义，具有相同的稳定性，且缺乏稳定性。

科学的思维对象，即分子、原子和电子，都具有永久性。

事件沦为了空间组态的变化。决定这些变化的规律是自然界的终极法则。

物质世界的变化规律得以继续的前提条件就是，宇宙的先前状态决定了变化的特征。所以，要想了解直至包括任何瞬间的宇宙组态和事件，就要包含足够的数据以确定一直以来发生的一连串事件。

但在追溯以往事件的过程中，与感知思维对象领域有关的常识性思维，会习惯性地认为，有更多的先前事件被当作无关紧要的内容而被我们忽略。对原因的思考，我们只是局限在过去的短暂时间内所发生的事件上。最终，在科学思想中假设，过去任意短的持续时间内所发生的事件就足够我们分析原因了。因此，在某个时刻由规律决定的物质特征及其连续性差异系数，即便在那一时刻以前具有自身的限制性价值，但在这个理论上足以决定那一时刻之后的宇宙状态。有更特别的规律，但要找到它们，需要这项基本原则的指导。同样，据推测，物质世界里有更多的事件与特殊效果的产物无关，它们产生于相对少的先前经历。这些假设从人类的经历发展而来。生活的首门课程就是关注感觉呈现的几个因素，以及少之又少的感知思维对象。

有一项原则在有意识或无意识地指导着我们的思维，那就是：在寻找特殊原因的过程中，时间和空间上的疏离佐证了相对分离的影响。这项原则的极端形式就是否认所有的活动都是在时间或空间距离上发生的。我们很难接受这项以粗略形式出现的选择，是因为它们没有共同点，只有同时存在的物体才能对彼此产生作用。我看不到任何可以解决这一难题的答案——即，一方面，如果物体具有同一位置，那它们就是同时发生的；另一方面，如果物体的位置不同，那它们就相隔一段距离，却无法彼此影响。

不断发送的电磁波假设并不能解决这一难题。原因有二：首先，电磁波的持续性无法避免这一困境；其次，这个难题既符合时间，又符合空间，进退两难的情况证实了因果律不可能发生改变，即，变化了的条件不可能成为先前情况的结果。

此外，在空间里被分开的两个物体若存在直接联系，它们毫无疑问地就是在触犯距离的概念，这个概念暗示了物质的分离以及空间关系。对于假定相隔一段距离的活动是否定这一概念的情况，不存在任何逻辑困难，但它与常识性思维机制的持续假设相矛盾，而科学的主要任务就是仅通过最小的调整来协调常识性思维与感觉呈现之间的关系。

现代科学的确与本论题无关。即便口头解释仍然保留上一时期的形式，但它的（不被承认的）概念真的是非常不同。发生在概念上的变化，是旧的科学思维对象被认为具有一种简单化，而这种简单化并不属于作为整体的物质世界。它被隔离在一个有限的空间范围之内，自身环境所发生的变化只可能由力产生，而力却是没有构成其内在本质的重要部分。这就需要借助电磁波的存在来解释这些被动的思维对象之间的活动关系。整个概念受到了上面所提到的逻辑难题的困扰。同样，从电磁波的可释性意义来说，也不可能给出任何清晰的概念。而就原始的思维对象而言，否认它具有一种活动类型，即，原子具有的只是动能，它所携带的是一种潜在的能量。所谓原子的潜在能量实际上属于周围的电磁波。事实是，电磁波被排除在“无远距离活动”的公理之外，这句公理也由此被剥夺了所有的外力。

现代的科学思维对象——尚未得到明确的认识——它具有整个物质世界的复杂性。物理学，如同其他领域一样，置身其中的人们默默地放弃了由简单导出复杂的无望努力。我们的目的不是简单化，而是持久性和规律性。在某种意义上，规律性就是一种简单化。但它是稳定的相互关系的简单化，而不是缺少某种内部结构或关系的简单化。这类思维对象填充了所有空间。它是一个场，即，标量与向量在空间和时间上的特定分布。

这些量在每个空间点和时间点上都具有各自的数值。它们持续不断地分布在空间和时间当中，但也有可能会出现一些例外的间断情况。形成这个场的不同种类的量与其中的空间点和时间点有固定的相互关系。而这些关系就是自然界的终极法则。

例如，考虑一个电子。电流中存在的标量场[①]分布，即我们所说的电子。这个标量场分布在任何时间 t 任意点（x，y，z）上具有一个体积-密度 ϱ。因此，ϱ 是（x，y，z，t）的一个函数，这个函数除非是在一个受限的范围之内，否则为零。此外，在作为必要属性的任意时间 t 内，有一个持续不断的空间分布存在于两个向量的各个点上，它们分别是：电力（X，Y，Z）和磁力（α，β，γ）。最终，个体特征被当作标量电子分布的特点，于是，除了它在数量上保持恒定之外——与假定的法则有关——也可能会指定不同分布个体的运动速度。让（u，v，w）作为函数（x，y，z，t）的运动速度。

标量场和向量场[②]，即 ϱ，（X，Y，Z），（α，β，γ）和（u，v，w）的整个体系，是通过电磁感应定律[③]互相联系的。它由以下这些定律推演而来：从标量分布 ϱ 的意义上看，电子将被当作在每个瞬间以真空中的光速由其本身向外蔓延扩散的

---

① 标量场是指一个仅用其大小就可以完整表征的场。一个标量场 u 可以用一个标量函数 u（x，y，z）来表示。标量场分为实标量场和复标量场，其中实标量场是最简单的场，它只有一个实标量，而复标量场是一个复数的场，它有两个独立的场量，这相当于场量有两个分量。最常用的标量场有温度场、电势场、密度场、浓度场等。

② 形成场的量为向量，称该场为向量场。在一定的单位制下，用一个实数就足以表示的物理量是标量，如时间、质量、温度等；在这里，实数表示的是这些物理量的大小。和标量不同，矢量是除了要指明其大小还要指明其方向的物理量，如速度、力、电场强度等；矢量的严格定义是建立在坐标系的旋转变换基础上的。常见的矢量场包括马克斯韦尔电磁场、重矢量场。

③ 电磁感应定律也叫法拉第电磁感应定律，电磁感应现象是指因磁通量变化产生感应电动势的现象。

放射能，并由此可以算出（X，Y，Z）和（α，β，γ），前提是它们源自那个放射能。所以，由电子产生的场，在任何时候都大致取决于电子的先前历史，距离电子越近，其相关历史就越近。这个场的整个体系就是一个单一的科学思维对象：电子及其放射能构成了一个基本整体，也就是一个科学思维对象，它在本质上复杂难懂，且填充了所有的空间。电子特性，即标量场分布 ϱ，是这个整体的焦点，本质的核心属性就是，这个场在任何瞬间都完全由这个焦点的先前历史及其长久以来的空间关系所决定。但场与焦点不是独立的概念，它们在本质上与一个有组织的整体相互联系，即，由于这些本质特征进入了我们的思维，所以它们会在某一关系领域基本相关。

根据聚合的线性法则，一组电子场是叠加的。也就是说，单纯叠加相似的标量电荷，以及用平行四边形法则计算相似的矢量电荷①。每个电子的运动变化完全取决于它所占据的领域内的合成电场。因此，一个电场可以被视为一种活动的可能，但这种可能代表了一种事实。

要注意的是，对其中的原因，这里有两种不同的观点。所有空间区域的完整电场都取决于全部电子的过去历史，相对它

① 如果有几个点电荷同时存在，它们产生的电场就相互叠加，形成合电场，这时某点的场强等于各个电荷单独存在时在该点产生的场强的矢量和。由于场强是矢量，故欲求出各个电荷在某点受电场力的矢量和需用平行四边形法则。各个电荷产生的电场是独立的、互不影响的。利用电场的叠加原理，理论上可计算任意带电体在任意点的场强。

们的距离而言，这部分历史是往回延伸的。但在思考影响电子在那个区域内发生变化的原因时，只有那个区域内的电场与电子在时间和空间上一致。

认识真实性是可能性的存在基础是将规律性与持久性引入科学思维的统一过程，即，我们从事实的真实性转入可能性的真实性。

与这项法则相一致，命题就是来自真实思维表达的自然结果，来自最初感觉对象的感知思维对象，来自真实感知思维对象的假设性感知思维对象，来自无限组假设性感知思维对象的质点，来自质点的理想点，来自感知思维对象的科学思维对象，来自真实电子的真实相互关系的电场。

此过程是对逻辑关系的持久性、一致性和简单化的研究。但它不会以内部建构的简单化来呈现。每个终极的科学思维对象都保持着属于整个科学领域的所有可能性特质，但保持这些特质的方式是以持久性和同一性为特点的。

五、结　论

我们以排斥价值判断和本体论判断开始。我们以将其召回结束。价值判断并非自然科学结构中的一部分，而属于它的产生动机之一。人类已经优化了科学的知识结构，因为他们判断出了它的价值所在。换句话说，这些动机包括无数个价值判断。而且，人类有意识地挑选出需要改善的科学领域，而这种有意识的选择就与价值判断有关。这些价值可能会是审美的、道德的或功利主义的，也就是，这些判断与结构的美感、探索真理的责任或实现身体所需的满足感有关。但无论动机是什么，如果没有价值判断，科学将不复存在。

而且，因为缺乏兴趣，人们没有把本体论的判断排除在外。事实上，这些判断在生活的方方面面都得到了预设：在我们的情感、我们的自我克制以及建设性努力中，它们都以道德判断的形式被预设。而关于它们的难题就是，在如何协调最初的常识判断方面缺乏一致意见。

科学没有减少人们对形而上学的需要。这一需要最为明显的地方与上述命名的“存在于可能性之下的真实性”有关。解释会让这个论题更为清晰，即便它们会不顾后果地接近形而上学的高度，这并非本文的探索目标。

在漫不经心的讨论中，有关主体和客体的概念涉及两种不同寻常的关系。其中之一就是，整个感觉意识与自身部分内容间的关系，如，一个感觉意识和比它更为明显的红色物体间的关系。还有一种属于，一个感觉意识与一种不因属于这种意识内容而存在的实体间的关系。正如感觉意识所能了解到的，这种关系必须是一种通过推论得出的关系，我们可以通过分析感觉意识的内容导出这一推论。

这些推论的基础必须是意识的要素，我们直接称其为超越自身在意识中的直接呈现。此类要素是普遍的逻辑真理，逻辑和审美真理，以及假设性命题所蕴含的真理。对单一主体而言，它们具有直接呈现的部分性质，甚至远多于此。其他所有的存在都是通过推论得出的。

在本章，我们更直接地关注了假设性命题所蕴含的真理。我们不能把这样的真理，与未来在判断自然现象时所遇到的不确定性混淆起来。一个假设性命题，如同一个类别判断，可能存在疑惑，也可能不存在疑惑。与类别判断一样，它表达了一个事实。这是一个双重事实：作为意识中的一个呈现，它只是这种假设性判断；作为一个类别事实的表达，它陈述了意识之外的某种关系，这种关系存在于由此所推出的实体之间。

但这种形而上学的分析，即便很短，也很可能是错误的，而且在最佳时机的反馈仅为部分赞成。当然，这种认同是要引出我想表达的那个观点。自然科学是以思维要素为基础的，例如，表达真实感知的判断，以及表达在特定条件下实现的假设性命题的判断。这些要素构成了常识性思维结构的一致内容。它们需要形而上学的分析；但它们是在形而上学开始的数据当中。抛弃它们的形而上学早已败落，同样，一旦自然科学无法将其与自身的理论协调一致，也将步入形而上学的后尘。

科学只是表达了更为迫切的超自然（形而上学的）需要。它本身对解决形而上学的问题并未起到直接的作用。但它的确做出了一定的贡献，即，阐述了我们对感觉表观事物的体验可以被用来分析一项科学理论，这种理论不完全完整，但能赋予我们无限拓展的希望。这一成就强调了我们的逻辑思维与感性认识之间的亲密关系。而且，科学理论的特殊方式一定会产生影响。过去，伪造的科学成了糟糕的形而上学的根源。毕竟，科学包含了对全部证据中的某一部分所进行的缜密观察，而这个证据是形而上学者们推演结论的源泉。

> 我在这方面的观点是，零散的个体经历是我们的全部认知，所有的推断必须开始于它的唯一数据——片段化经历。我们并未真正认识到一个正在平稳运转的世界，我们将其推断为一个既定的世界。在我看来，世界的创造是思辨思维的首个无意识行为；而具有自我意识的首个哲学任务，是要解释世界如何而来。

第十章　空间、时间和相对性

我们已经从不同学科所产生的观点中思考了有关空间与时间的基本问题。本文的目的是简述其中的某些观点及其相互联系。这就需要对每一种观点进行粗略的处理。

数学物理学家发展了他们的相对论来解释迈克尔逊-莫雷实验①与特鲁顿实验②的负面影响。实验心理学家从经验的原

---

① 迈克尔逊-莫雷实验，是1881年迈克尔逊和莫雷在德国做的用迈克尔逊干涉仪测量两垂直光的光速差值的一项著名的物理实验。结果证明光速在不同惯性系和不同方向上都是相同的，由此确定了光速不变原理，从而动摇了经典物理学基础，成为近代物理学的一个发端，在物理学发展史上占有十分重要的地位。

② 1902年，特鲁顿设想了一个电磁学实验，用来检测地球运动的绝对速度。实验表明，如果地球相对于参考速度为v，且速度的方向与电荷连线的方向不重合，则这两个电荷之间的相互作用力除了电力之外还存在磁力，电力和磁力的合力将不再沿着电荷之间进行连线，它们构成一对力偶，这对力偶将使电荷系统转动。当电荷同号时，转动使电荷的连线趋于垂直运用方向；当电荷异号时，转动使电荷的连线趋于垂直运动方向。测出电荷系统的转动效应，则可确定电荷的运动速度，从而确定地球的绝对速度，也就是说确定了绝对参考系。

始感官数据中思考了空间概念的发展问题。形而上学者认为，空间与时间具有空前的一致性，它们没有始终，没有边界，在关于自身的真理中没有例外；所有的这些特点都源于由其决定的经验世界中混乱的偶然性本质。数学家们研究了几何学公理，并能从有限假设中进行严密的逻辑推理，推演出公认的空间与时间的真理。

令人惊讶的是，这些不同的思想路线在发展的过程中竟毫无关联。或许这是明智之举。因为科学的结果永远都无法做到完全的真实。明智的独立思想有时可以帮助我们引以为戒，避免犯他人犯过的错误。但毫无疑问的是，能让这些思想互相受益的常规方法就是，以它们在其他学科中的呈现方式去思考我们遇到的相同或同类问题。

这里，我不打算对各种不同的学科内容进行系统研究。因为，我既不了解，也没时间。

首先，让我们说说所有相对论的最终基础。所有的空间测量都是由空间内的一个物体到另一个物体。不存在虚空的几何实体。我们对几何属性的直接认知就是那些我们将其称为“物体”的可移动、可变化的现象特征。如，远处的是太阳，圆圆的是球，排成一排的是路灯。可以肯定地说，无论人们过去从哪里获得了关于无穷无尽、无法改变的空间概念，它都不会是直接观察的直觉判断。

有两种可以识别这一结论的哲学方法，但二者相互对立。

一种方法是证明空间与时间是感觉经验的条件，认为没有映射到空间与时间当中的感觉经验是不复存在的。因此，或许可以说我们关于时空的知识基于实践，但不能说它像万有引力定律那样可以从实践中推导出来。它并非源于推论，因为在实践中，我们会注意到：空间是一个无穷的假设的整体，而时间是一个无限的始终如一的持续性秩序。这个哲学立场可以概括为空间和时间是感觉的先验方式。

处理该问题的对立哲学方法则宣称，我们关于空间与时间的概念是由经验推演而来的，这与吸引力法则是这样的一种推论如出一辙。如果我们得出了有关点、线、面以及时间的连续瞬间等概念，而且假定它们与几何学公理和时间公理相一致，就会发现：我们已经构建了一种能够准确无误地表达经验事实的概念，而其中所有事实的准确性都是我们能够观察到的。

这两种哲学立场中的任何一种，都被设计用来解释一个特定的难题。先验理论向我们阐释了属于空间与时间法则的绝对普适性，而这种普适性不能归因于经验的推论。经验理论在没有引入其他因素的情况下解释了时空概念的起源，而这些因素超出了当前被公认的构建其他物理学概念的因素。

然而，我们还没处理那些在讨论时空问题时必须铭记在心的基本差异。那就暂且将以上关于时空概念如何与经验相联系的问题，即时空概念形成时，它们到底是什么？

我们也许会认为，空间里的点就是一种独立存在的实体，这类实体与占据在那里的终极材料（我将其称之为“物质”）有着无法定义的关系。因此，要描述太阳在那儿，就要确认正负电子间的占据关系，我们将它们称之为太阳和一组特定的点，而这些点基本上是独立于太阳而存在的。这就是绝对的空间理论。虽然现在不流行绝对理论，但是它有值得敬重且权威的支持者，如牛顿。因此，就这点而言，要平和处之。

另一理论与莱布尼茨①有关。我们的空间概念是物体在空间中相互关系的概念。因此，不存在这样一种作为独立存在的点的实体。点只是物质间相互关系的某种独特性的名称，我们常说，这种物质是在空间里的。

根据相对论，点应该根据物质间的相互关系来定义。依我来看，数学家们似乎没有注意到这一理论的结果，他们总是认为，点是他们进行推理的首要根基。几年前，我就讨论了几种可能会得出这一定义的方法，而现如今更是增添了其他内容。类似的解释同样适用于时间理论。在我们以关系为基础得出有关空间与时间理论的令人满意的结论之前，必须对空间中的点和时间里的瞬间的定义进行长期而仔细的观察和研究，并且尝试和比较产生这些定义的众多方法。这是一篇未曾书写的数学篇章，与十八世纪的平行理论处于相同的状态。

在这层关系中，我想关注一下空间与时间的类比。在分析

---

① 弗里德·威廉·莱布尼茨（Gottfried Wilhelm Leibniz，1646—1716），德国哲学家、数学家，和牛顿先后独立发明了微积分。

经验的过程中，我们不仅要区分事件，还要辨明那些通过改变相互关系来形成不同事件的事物。如果我有时间，我就会饶有兴致地进一步分析这些事件与事物的概念。现在，我们不得不指出，事物之间是相互联系的，而我们认为，这种联系可以看成是事物的空间拓展的联系。例如，一个空间可能会包含、排除或重叠另一个空间。空间中的一个点不过是某组空间拓展的关系罢了。

同样，事件之间的某种关系就像我们所说的，这些事件的时间连续性的关系，即：事件的时间拓展的关系。事件 A 与 B 的过程也许是，在时间上一个先于另一个发生，或者部分重叠，或者包含另一个事件，共计六种可能。一个事件在时间上的拓展特征在很大程度上类似于一个物体在空间内的拓展。我们可以通过物体间的关系来表明空间的拓展，通过事件的联系去解释时间的拓展。

时间上的点是一组时间拓展的关系。它很少需要仔细思考就能让我们相信，时间上的点并非直接来源于经验。我们生活在连续不断的时间里，而非某些时间点上。但有什么群体是实实在在地存在于时间与空间的拓展之间的呢？根据现代相对论所揭示的有关时空间亲密联系的观点，这一问题有了新的重要意义。

我还没想出如何回答这个问题。然而，我认为，空间与时间应该体现物体间的相互关系，而这些关系依赖于我们对其外在性的判断，即，空间的位置和时间的位置都能体现，或者还需要一种对外在特征的判断。这个建议很模糊，但我必须以这种粗略的方式将其留在这里。

多种多样的欧几里得测量体系

现在，转向关于几何学公理的数学研究。对我们来说，最有必要记住的就是，这一研究的成果揭示了非度量射影几何与度量射影几何的重大分离。

非度量射影几何是至今为止更为基础的学科。开始于点、直线、平面等概念（不必将其全部视为不确定性概念），以及这些实体的某种非常简单的非度量性特征——例如，两点确定一条直线——几何学的几乎全部内容都能被创立。甚至可以引入定量坐标，以帮助推理。但无须考虑引入距离、面积和体积等概念。点会按照顺序排列在线上，但顺序无法表明任何确定的距离。

如今，当我们探究什么才是测量距离的可行性方法时，我们发现了许多不同的测量体系，而且它们都有可能实行。有三种主要的测量方法，它们分别是：欧几里得几何学①，双曲线

① 欧几里得几何学简称欧氏几何学，是以欧几里得平行公理为基础的几何学。它的创始人是古代希腊的伟大数学家欧几里得。他把当时希腊数学家积累的几何知识和逻辑推理的思想方法加以系统化，初步奠定了几何学的逻辑结构的基础。

(或罗巴切夫斯基) 几何学[①]，以及椭圆几何学[②]。如果可以选择，或许不同的人会依靠同类中的不同方法，或不同类别的方法进行测算。两个人，A 与 B，都同意使用三条相同的相交线作为轴线 x，y，z。两人都运用了欧几里得测量法，并且（并非必需）都在无穷远平面的问题上达成一致。也就是，他们都认同线是平行的。那么，在使用了笛卡尔[③]直角坐标的常用方法后，他们一致认为，P 点坐标是长 ON，NM，MP。至今，一切都是和谐的。A 将 Ox 上一段固定的线段 OU1 作为单元长，B 将 Ox 上一段固定的线段 OV1 作为单元长。A 称其坐标为（x，y，z），B 称其坐标为（X，Y，Z）。

(因为两种方法同属于欧几里得几何学)，可以发现，无论取哪点 P，

$$X=\beta x，Y=\gamma y，Z=\delta z。[\beta\neq\gamma\neq\delta。]$$

他们开始协调彼此间的不同，并首先使用了 x-坐标。显然，他们在 Ox 上采用了不同的单位长。长 OU1，A 称其为一个单位长，B 称其为 β 个单位长。B 将其原始单位长 OV1 改

---

① 罗巴切夫斯基几何学的公理系统和欧氏几何学不同的地方仅仅是把欧氏几何学中“一对分散直线在其唯一公垂线两侧无限远离”这一几何平行公理用“从直线外一点，至少可以做两条直线和这条直线平行”来代替，其他公理基本相同。由于平行公理不同，经过演绎推理就引出了一连串和欧式几何内容不同的新的几何命题。

② 椭圆几何学即黎曼几何学。德国数学家黎曼 19 世纪中期提出的几何学理论。

③ 笛卡尔（René Descarter，1596—1650），对数学最重要的贡献是创立了解析几何。

成 OU1，得到了 $X=x$。可现在，他必须在所有测量中都使用相同的单位长度，所以，他的其他坐标以相同的比例发生了变化。于是，我们现在就有了

$$X=x，Y=\gamma y/\beta，Z=\delta z/\beta。$$

现在，两者间的根本性差异就很明显了。A 和 B 在 Ox 的单位长度问题上观点一致。有了单位长度，他们就能通过给轴线一条既定的线段 OU 便可确定。但是，他们无法就 Oy 上的什么线段与 OU1 相等达成一致看法。A 说是 OU2，B 说是 OU2′。OZ 上的长度，同理可用。

结果就是，A 的球面

$$x^2+y^2+z^2=r^2$$

是 B 的椭圆，

$$X^2+\beta^2Y^2/\gamma^2+\beta^2Z^2/\delta^2=r^2$$

即，$X^2/\beta^2+Y^2/\gamma^2+Z^2/\delta^2=r^2/\beta^2$

所以，这两个测量系统中的角度测量是完全没有差异的。

如果 $\beta\neq\gamma\neq\delta$，在 O 上有且只有一组共同的矩形轴，O 即它们的起点。如果 $\gamma=\delta$，但 $\beta\neq\gamma$，那通过绕着 Ox 旋转轴心圆就能找到无限个矩形轴。对我们来说，这是个有趣的例子。转移至任何一个平行轴，便可复制同样的现象。

困难的根源在于，A 的量杆，对它来说是一个固定不变的物体，当把它转向不同的方向时，在 B 看来它的长度就发生了变化。同样，所有满足 A 的量杆，扰乱了 B 对不变性的直

接判断，且按照相同的规则发生了变化。没有办法摆脱这一难题。量杆 ρ 和 σ，无论我们什么时候把其中一个放在另一个上面，二者都是一致的；ρ 一动不动，两人都认为它没有发生改变。但把 σ 转个方向，A 说它是不变的，B 说它变了。为了测试这个问题，把 ρ 转个方向再进行测量，完全一致。但在 A 得到满足的时候，B 却声称 ρ 和 σ 以一模一样的方式发生了变化。与此同时，B 获得了两种满足他的不变量杆，而 A 提出了完全相同的反对意见。

我们应该说 A 与 B 运用了不同的欧几里得测量方法。

人类生活中最非同寻常的事实就是所有人看似都能根据同一种测量方法形成自己对空间量的判断。然而，这一表述只能在通过人类观察所得到的精准界限范围内是正确无误的。当我们设法构建一个结论一致的物理学理论时，不得不承认多种多样的时空测量方法与事物的反应有关。

对时间和空间上量的估量，甚至在某种程度上对顺序的预测，都取决于个体观察者。然而，除了最具资格被我们称之为真实世界的由想象重建的世界之外，还有什么可以传送我们最初的感觉经验呢？在这个问题上，实验心理学家会介入其中。一方面，我们离不开他们的帮助；另一方面，我们对其理论的晦涩难懂心存恐惧，希望可以摆脱他们。而且，有时他们对数学原则的了解相当浅薄，我时常怀疑——不，我不会说出我时常会有的一些看法：也许，他们有着相同的理由，正在思考我们所研究的同类事物。

然而，我将冒险下一些结论，我认为，这些结论与物理学和心理学的实验证据相一致，既是物理学结论，又是心理学结论，而且与我曾推荐过的数学逻辑中未曾成文的章节材料相符。时空及量的概念可以用来分析更为简单的概念。在任何既定的感觉经验中运用这些具有普适性的概念，是不必要的，不常见的。例如，外部性概念在没有涉及线性次序的情况下也可能适用，合适的线性次序的概念可以不包括线性距离的概念。

另外，有关空间关系的抽象数学概念可能会使适用于既定感觉的明显概念更难理解。例如，从来自观察者的线性投影角度所得到的线性次序，明显不同于从分布在瞄准线上的一排物体的角度所得到的线性次序。

数学物理学家假定存在一个由明确相关的物体所构成的既定世界，而且各种不同的时空体系提供了不同方式，并将那些关系表达成适用于观察者的直接经验的概念。

然而，一定存在一种可以表达外部世界中物体间相互关系的方法。可替代的方法只会产生于其他观点；也就是说，观察者会对宇宙中的某类事物增添一些新的看法。

但是，这种认为自然科学的世界是由假想物体所构成的方法，让它几乎成了天方夜谭。到底什么才是真正的直接经验呢？演绎科学的任务在于，思考适用于这些经验数据的概念以及与这些概念有关的概念，从而进行一定程度的必要性提炼。因为我们的概念变得更为抽象，所以，他们的逻辑关系也更具一般性，更难被其他观点接受。通过这种逻辑建构，我们最终得出：（1）这些概念决定了对个体经验的考察；（2）它们的逻辑关系异常平稳。例如，数学时间和数学空间就是具有这种平稳性的概念。没有人会生存在一个“无穷大的既定整体”中，而是生活在一组零散的经历当中。关键在于，如何通过逻辑建构的过程将数学时空的概念表现为这些片段的必然结果。物理概念也同样如此。这一过程从片段的经验世界中构建了一个共同的概念世界。作为物体的埃及金字塔是一个概念，而真正的概念却是那些注视着它们的民族所经历的一切片段性体验。

只要科学寻求摆脱假设，它就无法超越这些普遍的逻辑建构。正如这样构想的，对科学而言，破解上述扩散的时间顺序毫无困难。不同的时间系统简单表达了数学构念与那些（真实的或假设的）个体经历之间的不同关系，这些经历可能就是详尽说明这些构念的原始资料。

但毕竟有可能对数学概念进行详述，从而避免参照具体的特殊经历。无论是什么样的经验数据，都必须有一种说法将其作为一个整体，或者共同世界的普遍特征。人们很难相信，有了适当的普遍性，还无法在这些特征里发现时间和空间。

如果我能正确地理解康德①——我承认对他的理解很有问题——他认为，我们在体验之前就把时间和空间视为经验产生的必然要素。我谨小慎微地提议，赋予这个观点以不同的转折，实际上就是让它转向反方向，即，我们在体验之前就意识到整体是由相关的差异化部分构成的。这些部分间的关系具有某些特点，而时间和空间就是对这些关系的某种特点的表达。那么，属于时间和空间的普遍性和一致性表达的就是可能成为经验结构的一致性概念。

人类的成就——即使不大——但就现状而言，它推演出了自然的经验结构的一致性规律，证实了这种结构的一致性超越了那些表述为空间与时间的经验数据的特征。空间与时间对经验来说至关重要，因为它们是我们的经验特征；当然，在没遇到它们之前，没人能够拥有我们的经验。我看不出，康德的推理比那句“是什么？是”的话有更多深远的意义，它再真实不过了，但却不太有帮助。

但我承认，我口中的“经验结构的一致性”是一个非常奇妙且引人注意的事实。我准备相信，它就是一个单纯的错误观点。我将在之后的文章中表明，这种一致性与原始的经验数

---

① 伊曼努尔·康德（Immanuel Kant，1724—1804），德国著名哲学家，德国古典哲学创始人，启蒙运动时期最重要的思想家之一。其思想分为“前批判时期”和“批判时期”。在前批判时期，以自然科学的研究为主，并进行哲学探究。1755 年发表《自然通史和天体论》，提出关于太阳系起源的星云假说。其学说深深影响近代西方哲学，并开启了德国唯心主义和康德主义等诸多哲学流派。

据不存在直接关系，而是用更多精练的逻辑本质代替这些经验数据的结果。例如，关系间的关系、关系的类别、关系类别的类别等。我认为，可以通过这种方法来说明，必属于经验结构的一致性是比平日里所能接受的更为抽象的弱化特征。将物理世界中空间与时间的一致性问题提高到逻辑抽象化的地位，这个过程同样有利于认识另外一个事实，即，所有个体有意识的直接经验都具备极其零散的内在本质。

我在这方面的观点是，零散的个体经历是我们的全部认知，所有的推断必须开始于它的唯一数据——片段化经历。我们并未真正认识到一个正在平稳运转的世界，我们将其推断为一个既定的世界。在我看来，世界的创造是思辨思维的首个无意识行为；而具有自我意识的首个哲学任务，是要解释世界如何而来。

大致有两种至关重要的解释。一个就是声称世界是假定的世界。另一种观点认为，世界来自演绎，不是通过一系列推理的演绎，而是通过一系列定义的演绎，事实上，这种演绎将我们的思维提升至一个更加抽象的水平，在这个水平上的逻辑概念会更复杂，概念的关系会更普遍。这样，断裂而有限的经历维持了那个有联系的无穷大的世界，而我们认为自己就生活在这个世界上。我还有更多的看法，但现在我想说的是：

（1）直接经验若想维系这种演绎的上层建筑，其自身必须具备一定的结构一致性。因此，这一巨大事实仍然存在。

(2) 我不想否认世界是假定的世界。毫无偏见地说，在当前哲学发展的初级状态里，我无法想象在没有中间公理的情况下，我们是如何应对一切的，事实上，我们习惯了假设。

我的立场是，通过仔细观察，我们应该从自身条理化的知识体系中延伸出这些假设，没有它们一切都无从进行。

如今，自然科学使我们对自身不同的感觉判断间相互关系的了解更有条理。我认为，在这部分知识里，这样的假设，虽然不能全部得到延伸，但可以通过我所描述的方式降到最低限度。

我们还需再次注意的是，从另一种角度思考空间的相对性理论使得我们重新回到空间实体的基本概念，并将其视为联系事物的逻辑结构。不同之处在于，本章的角度更为深远，因为它对空间内的物体做出了含蓄的假设，以及认为空间就是对物体之间特定关系的一种表述。将此段文字与之前的论述结合起来，我们可以看到，首先应该做的就是界定与经验数据有关的“事物”，继而界定关于事物之间相互联系的空间。

我要强调的是，我们关于物理世界的唯一准确数据就是我们的感性认知。我们一定不要错误地认为自己正在比较一个既定的世界和这个世界的既定认知。物理世界，在一般意义上讲，就是一个演绎的概念。

实际上，我们的问题是让世界适应我们的认知，而不是让我们的认知适应这个世界。

出 版 人　李　东
策划编辑　刘　灿　郑　莉
责任编辑　郑　莉
版式设计　杨玲玲
责任校对　贾静芳
责任印制　叶小峰

图书在版编目（CIP）数据

教育的目的／（英）艾尔弗雷德·诺思·怀特海著；张佳楠译. —北京：教育科学出版社，2020.3（2024.7 重印）

书名原文：The Aims of Education and Other Essays

ISBN 978-7-5191-2024-5

Ⅰ.①教…　Ⅱ.①艾…　②张…　Ⅲ.①教育目的—文集　Ⅳ.①G40-011

中国版本图书馆 CIP 数据核字（2019）第 219917 号

教育的目的
JIAOYU DE MUDI

出版发行	教育科学出版社		
社　　址	北京·朝阳区安慧北里安园甲 9 号	邮　　编	100101
总编室电话	010-64981290	编辑部电话	010-64981357
出版部电话	010-64989487	市场部电话	010-64989009
传　　真	010-64891796	网　　址	http://www.esph.com.cn
经　　销	各地新华书店		
制　　作	北京金奥都图文制作中心		
印　　刷	保定市中画美凯印刷有限公司		
开　　本	890 毫米×1240 毫米　1/32	版　　次	2020 年 3 月第 1 版
印　　张	7	印　　次	2024 年 7 月第 10 次印刷
字　　数	127 千	定　　价	35.00 元

图书出现印装质量问题，本社负责调换。

THE AIMS OF EDUCATION AND OTHER ESSAYS

By A. N. WHITEHEAD, O. M.

First edition published by Williams & Norgate Ltd, 1932